Monika Brunsting

Mein Autopilot und ich

Haupt

Monika Brunsting

Mein Autopilot und ich –

Mit Selbstregulation und exekutiven Funktionen gut lernen und leben

Haupt Verlag

Der Haupt Verlag wird vom Bundesamt für Kultur mit einem Strukturbeitrag für die Jahre 2016 – 2020 unterstützt.

1. Auflage: 2019

Bibliografische Information der Deutschen Nationalbibliothek
Die Deutsche Nationalbibliothek verzeichnet diese Publikation in der Deutschen Nationalbibliografie; detaillierte bibliografische Daten sind im Internet über http://dnb.dnb.de abrufbar.

ISBN 978-3-258-08152-6

Satz: Die Werkstatt Medien-Produktion GmbH, Göttingen
Illustration Seite 21: Irene Odermatt
Lektorat/Korrektorat: Gregor Szyndler
Printed in Austria

www.haupt.ch

Inhaltsübersicht

Vorwort, oder: Warum dieses Buch?

Neurowissenschaftler sprechen gerne vom Autopiloten und meinen damit eine tief sitzende innere Instanz, die ohne jede Rücksprache mit uns, spontan, aber manchmal auch sehr destruktiv agiert. Der Autopilot reagiert auf äußere oder innere Reize und beschert manchen von uns immer wieder ganz unglückliche Situationen, die mit einem Augenblick des Innehaltens, mit etwas Reflexion und Selbstregulation besser hätten gestaltet werden können. Die Gegenspielerin des Autopiloten ist die Selbstregulation. Wenn es den beiden gelingt, miteinander ins Gespräch zu kommen, können gute Lösungen zustande kommen. Es geht also nicht um «entweder Autopilot oder Selbstregulation», sondern um eine konstruktive Kooperation der beiden.

Geht man mit offenen Augen durch unsere aktuelle westliche Welt, schaut Fernsehen, liest Zeitungen oder ist auf sozialen Medien unterwegs, scheint Selbstregulation aus Sicht der Gesellschaft verzichtbar zu sein. Selbststeuerung bedeutet heute nach Joachim Bauer «Leben gegen den Strom» (Bauer 2018, S. 71ff). Im Vordergrund steht Spaß: Schule soll Spaß machen, Förderung und Therapie ebenfalls und die Annahme, dass alles nur mit Spaß vorwärtsgehen kann, ist weitverbreitet. Bereits melden Eltern ihre Kinder von Förder-Unterricht oder Therapie ab, weil das Kind mehr Spaß am Fußball hat und die Förderung eh nichts bringt, wenn es doch lieber ins Fußballtraining gehen möchte. Damit soll natürlich nichts gegen Sport gesagt werden. Aber die Priorität «Spaß vor Lernen und Selbstregulation» wird sich, aufs ganze Leben geblickt, nicht bewähren. Dies zumindest lässt sich aus Forschungsarbeiten ableiten, die zeigen, dass Menschen mit guter Selbstregulation zufriedener, erfolgreicher, glücklicher und gesünder sind (Moffitt et al. 2011, Bauer 2018).

Die Selbstregulation hat sich in der Forschung der letzten Jahre als äußerst wichtige Komponente des Lebens- und Lernerfolgs herauskristallisiert. Die Entwicklung ist seit dem erstmaligen Erscheinen meines Buches «Lernschwierigkeiten» 2008 mit großen Schritten vorangegangen. Wie genau, das soll hier dargestellt werden.

Ganz zentral ist dabei die Erkenntnis, dass alle exekutiven Funktionen auf eine intakte Selbstregulation angewiesen sind: Denn ohne diese kann keine einzige exekutive Funktion zuverlässig angewendet werden. Sie ist also eine Voraussetzung für die exekutiven Funktionen und wird gleichzeitig häufig selbst auch als exekutive Funktion verstanden.

In meinem Buch «Lernschwierigkeiten: Wie exekutive Funktionen helfen können» sind viele Ideen zur Förderung der Selbstregulation zu finden. Dort werden auf über 50 Seiten hilfreiche kognitiv-verhaltenstherapeutische Maßnahmen beschrieben. Die Forschung zeigt uns immer wieder, dass dies ein sehr effektiver, klarer und einfacher Weg ist, den man Lehrpersonen, Eltern und Lernenden leicht vermitteln kann, weil er unmittelbar einleuchtet. Aber sie sind natürlich nicht der einzig mögliche Weg. Darum soll hier der Blick auf andere theoretische Konzepte und ihre Anwendungen gerichtet werden. Damit entstehen viele neue Möglichkeiten, sich um die Selbstregulation zu kümmern. Wer weiß, vielleicht werden sich einige Lesende ja auch bewusst darüber, was sie bereits für die Selbstregulation tun – ohne es bisher realisiert zu haben. Auf jeden Fall gibt es nun wirklich viele Wege, die Selbstregulation zu fördern. Die Neurowissenschaften werden uns dabei helfen, die Möglichkeiten zu sehen, zu verstehen und anzuwenden. Gerhard Roth und Nicole Stüber (2015) liefern uns wichtige Grundlagen und Joachim Bauer zeigt gangbare Wege auf.

In der Heilpädagogik, in der Pädagogik und in der Psychologie ist Selbstregulation ein wichtiges Thema: Viele Fachleute haben große Mühe mit Kindern, Jugendlichen oder Erwachsenen, die sich nicht einsetzen und um etwas bemühen können oder mit Menschen, die immer wieder einfach so ausrasten und nicht anders können. In Fachkreisen gilt es als wichtiges Ziel, eine optimale Selbstregulation aufzubauen. Für alle direkt oder indirekt Betroffenen soll dieses Buch eine Hilfestellung sein.

Nach einer kurzen Einführung mit aktuellen Forschungsbefunden (Kap. 1) werden wir einen ausführlichen Blick auf die neurowissenschaftliche Theorie und Praxis der Selbstregulation (Kap. 2) werfen. Auf welche Weisen wir die Entwicklung der Selbstregulation fördern können, werden wir ab Kap. 3 zeigen. Ben und Anna werden uns in diesem Buch öfter begegnen. Die Namen stehen für zwei Kinder, wie es viele gibt. Sie werden das Gemeinte veranschaulichen und zeigen, dass ein Stück Ben und Anna auch in uns steckt.

Schule und Lernen werden in diesem Buch eine zentrale Rolle spielen. Weniger schulnahe Lesende mögen uns dies nachsehen und sich offen, interessiert und neugierig auf den Weg machen, um zu versuchen, die Ideen in den eigenen Kontext zu übertragen. So kann hoffentlich eine möglichst große Leserschaft dazu angeregt werden, eigene Wege auszuprobieren.

Denn «Mein Autopilot und ich» ist ein Thema, das jede und jeden von uns angeht. Und weil ein harmloser kleiner Satz manchmal am besten dabei helfen kann, etwas anzupacken, das man lieber liegen lassen würde, denken wir vor dem Umblättern einfach:

«Hallo Autopilot – komm, jetzt legen wir gemeinsam los!»

1 Einführung

Was in den 1970er-Jahren mit Flavell (1979) unter dem Begriff «Metakognition» begann und als Denken über das eigene Denken verstanden wurde, hat sich zu einem enorm wichtigen heilpädagogischen und entwicklungspsychologischen Thema entwickelt. Heute werden die Metakognitionen zu den exekutiven Funktionen gezählt. Während diese lange Jahre als verschwommenes Konzept («fuzzy concept») bezeichnet und nicht ganz ernst genommen wurden, sind sie im Verlauf der Zeit zu einem relativ klaren und recht gut objektivierbaren Konzept geworden. Aktuell wird dazu weltweit intensiv geforscht und es zeigt sich dabei, dass Metakognitionen oder exekutive Funktionen nicht nur kognitiv gesteuert werden, sondern zu einem großen Teil auch emotional.

Heute besteht Konsens darüber, dass die folgenden Funktionen als Kern der exekutiven Funktionen zu betrachten sind.

Die Inhibition umfasst Selbstkontrolle, Selbstregulation (d. h. Denken vor dem Handeln, einem Impuls widerstehen können, kognitive und emotionale Selbstregulation), Selbstdisziplin (Versuchungen widerstehen, eine Arbeit anpacken und auch beenden) und Aufmerksamkeitskontrolle (sich konzentrieren, aufmerksam sein, fokussiert bleiben).

Im Arbeitsgedächtnis merkt man sich Dinge kurzzeitig und ordnet sie um. Damit kann man komplexe Probleme lösen, eine Idee mit einer anderen verbinden, um etwas logisch zu verstehen und um Verbindungen zwischen scheinbar unverbundenen Dingen zu sehen.

Unter kognitiver Flexibilität wird die Fähigkeit verstanden, ein Problem auf neue Art wahrzunehmen oder es auf andere Weise anzupacken («thinking outside the box»). Die kognitive Flexibilität hilft, plötzlich auftauchende Möglichkeiten zu sehen, veränderte Umstände zu erfassen und sinnvoll darauf zu reagieren.

Um im Alltag und in der Praxis besser beobachten und intervenieren zu können, habe ich diese drei Funktionen weiter differenziert. Schließlich wurden daraus die acht im Buch «Lernschwierigkeiten» postulierten exekutiven Funktionen (Brunsting 2012). Diese erlauben gute Beobachtungen im schulischen, therapeutischen und familiären Alltag und regen zu verschiedenen Interventionsmöglichkeiten an.

Die Selbstregulation wird hier unterteilt in eine Selbstregulation zur Aufmerksamkeitssteuerung, zur Motivation, zur Impulskontrolle und außerdem soll sie helfen «mit Arbeiten zu beginnen» und «Arbeiten zu beenden».

Was ist Selbstregulation und warum ist sie so wichtig?

Selbstregulation ist nach Joachim Bauer «ganzheitliche Selbstfürsorge und besteht in der Kunst, Impulse und deren Kontrolle miteinander zu verbinden.» (2018, S. 15). Walter Mischel, Ozlem Ayduk et al. meinen dazu: «Versuchungen widerstehen zu können zugunsten von Langzeitzielen ist eine essenzielle Komponente sozialer und kognitiver Entwicklung und ein gesellschaftlicher und ökonomischer Gewinn» (2011, S. 252).

Walter Mischel, früher Professor an der Harvard University, ist einer der Ur-Väter der Erforschung der Selbstregulation. Seine legendären Experimente zum Belohnungsaufschub gehören zu den ersten einschlägigen Arbeiten. Die als «Marshmallow-Experiment» berühmt gewordenen Versuche zeigten, dass die Fähigkeit zur Selbstregulation bereits bei vierjährigen Kindern sehr unterschiedlich ausgeprägt ist: Einige Kinder konnten ohne weiteres 20 Minuten vor einem Marshmallow sitzen und auf ihre Belohnung warten. Sie konnten sich selbst ablenken und beruhigen, während andere Kinder das Marshmallow schon gegessen hatten, bevor die Versuchsleiterin den Raum verlassen hatte. Eigsti, Mischel et al. (2006) stellten fest, dass diejenigen, die mit vier Jahren warten konnten, mit etwas über 20 Jahren eine bessere Schulkarriere, einen besseren Beruf, bessere soziale Beziehungen und weniger Kontakte mit der Polizei hatten als andere, ungeduldigere Altersgenossen.

Die große Langzeitstudie von Terry Moffitt et al. (2011) zeigt, dass es bereits von Geburt an sehr große interindividuelle Unterschiede gibt: Während die einen Babys recht ruhig, aber doch aktiv sind, sind andere sehr unruhig, leicht gestresst und haben Mühe, sich selbst zu beruhigen. Sie finden den Schnuller nicht interessant, finden ihren Daumen nicht und sind auf Beruhigungsversuche von außen angewiesen. Nachuntersuchungen im Erwachsenenalter bestätigen die Resultate der Mischel-Gruppe. Weiter zeigt sich hier, dass Menschen mit besserer Selbstregulation gesünder, weniger von Süchten betroffen sind und über mehr Geld verfügen.

Wie Wiese, Tay, Duckworth et al. (2017) zeigen, verbessert eine gute Selbstregulation das subjektive kognitive und emotionale Wohlbefinden. Die im Alltag gelegentlich anzutreffende Annahme, zu viel Selbstregulation sei ungesund, konnte in den Studien dieser Forschergruppe (N=5318, Schüler 5. –12. Klasse und Studienanfänger) nicht bestätigt werden. «Der tiefe Sinn der Selbstkontrolle liegt nicht in einem gegen die Bedürfnisse der eigenen Person gerichteten Kampf, sondern in der Bewahrung sozialer Verbundenheit und in optimierter Selbstfürsorge», meint Bauer (2018, S. 167). Das ist der Grund, weshalb es hier im Normalfall kein Zuviel geben kann.

Studien verschiedener Forschergruppen zeigen, dass Menschen mit Fähigkeiten zu einem guten Belohnungsaufschub in Intelligenztests besser abschneiden, eine höhere Ausbildung abschließen, ein besseres Selbstwertgefühl haben und über eine bessere Fähigkeit verfügen, mit Stress umzugehen und außerdem weniger häufig Drogen konsumieren. Auch weniger physische und verbale Aggression und weniger Mobbing-Verhalten geht einher mit guter Selbstregulation.

Die Selbstregulationsfähigkeit entscheidet auch darüber, ob eine exekutive Funktion überhaupt eingesetzt wird. Hier vermutet man einen wichtigen Grund für die Tatsache, dass Mädchen bessere Schulleistungen erbringen als Jungen (Duckworth & Seligman 2017), denn Mädchen haben tendenziell eine bessere Selbststeuerung.

Nach Claudia M. Roebers und ihrer Arbeitsgruppe (2014) von der Universität Bern ist die kognitive Selbstregulation ein bedeutsamer Faktor für die Schulbereitschaft und für schulische Leistungen während der gesamten Schulzeit. Der stärkste Einfluss lässt sich auf Leistungen im mathematischen Bereich beobachten, gefolgt vom Lesetempo und von der Rechtschreibung. Die Selbstregulationsfähigkeit beeinflusst neben dem kognitiven Verhalten auch emotionale und soziale Faktoren. Während man früher von bereichsspezifischem Vorwissen als wichtigstem Prädiktor schulischen Lernens ausging, sieht man heute, dass der kognitiven Selbstregulation eine wichtigere Rolle zukommt als bisher angenommen. Dabei spielen Arbeitsgedächtnis, die Fähigkeit zur Reaktionshemmung und die kognitive Flexibilität eine entscheidende Rolle.

Mischel et al. suchten in einer interdisziplinären Arbeitsgruppe nach den Grundlagen der Selbstregulation im Gehirn. Im Moment sieht es so aus, als ob die Selbstregulation zu tun habe mit einer verstärkten Myelinisierung (d. h. Isolation der Axone zur schnelleren Reizweiterleitung) und damit zu verbesserten Verbindungen entsprechender Schaltkreise. Verschiedene Areale des Frontallappens spielen dabei eine wichtige Rolle. Insgesamt scheint die Selbstregulation aber eher ein Zusammenspiel verschiedener Netzwerke als die Funktion einer spezifischen Region zu sein.

Wie Moffitt et al. zeigen, sind die interindividuellen Unterschiede bezüglich der Fähigkeit zur Selbstregulation von Geburt an sichtbar. Hinzu kommen vielfältige Umwelteinflüsse. Sozioökonomische Faktoren (Einkommen, Ausbildung, Beruf der Eltern), die Art, mit Sprache umzugehen, Struktur und Organisation des Alltags sowie der Anregungsgehalt von Freizeitaktivitäten spielen eine große Rolle. Auch die Qualität der Eltern-Kind-Interaktionen und die Menge der Anregungen für die emotionale und kognitive Selbstregulation sind sehr wichtig. Insgesamt führen die individuellen Anlagen zusammen mit den sehr unterschiedlichen Umwelteinflüssen zu riesigen Differenzen in der Entwicklung der Kinder.

Alle diese Forschungsergebnisse unterstreichen nach Mischel, Ayduk et al. die Wichtigkeit, die Selbstregulations-Strategien der Kinder zu erforschen, mit denen sie lernen, «unmittelbaren Versuchungen» zu widerstehen. Sie sind im späteren Leben hilfreich, um zusehends anspruchsvollere Herausforderungen zu meistern, die viel Willenskraft verlangen (Mischel, Ayduk et al. 2011, S. 253).

Zusammenfassend können wir festhalten: Eine gut funktionierende Selbstregulation ist sehr wichtig für Lern- und Lebenserfolg (Duckworth & Seligman 2005, 2017; Mischel 2015; Moffitt, Arsenault et al. 2011; Roebers et al. 2014). Wie andere Studien zeigen, ist sie auch zentral für die Lebenszufriedenheit (Ruch, Proyer et al. 2010).

Was kann helfen, die Selbstregulation zu entwickeln?

Die ersten Bezugspersonen sind auch für die Entwicklung der Selbstregulation entscheidend. Damit sich die entsprechenden neuronalen Netzwerke gut entwickeln können, ist nach Bauer «in den ersten beiden Lebensjahren eine liebevolle dyadische Zuwendung zum Kind» notwendig (2018 S. 165). «Die Reifung der Selbstkontrolle und ihrer neuronalen Korrelate kann nur gelingen, wenn Kinder ab Beginn des dritten Lebensjahres von Bezugspersonen liebevoll, aber auch konsequent und begleitet von entsprechenden Erklärungen zur Selbstkontrolle angehalten werden.» (2018 S. 166). Bauers Überlegungen sind für unsere Arbeit sehr wichtig, denn sie helfen uns zu verstehen. Als Akteure im Bildungssystem kommen wir aber zu einer Zeit und in einer Art ins Spiel, in der vieles bereits geschehen ist – oder eben nicht.

Da für das Bildungssystem ein Einfluss auf die Familie nur sehr beschränkt möglich ist, versuchte Roebers mit ihrer Arbeitsgruppe über Kindertagesstrukturen, Kindergärten und Schulen Einfluss zu nehmen und entwickelte das sozial-integrative Förderprogramm «Noa und Nele».

Adele Diamond und ihre Forschergruppe evaluierte verschiedene Programme zur Förderung der kognitiven Selbstregulation. Das in Kanada auf der Basis der Theorie von Vygotsky entwickelte Programm «Tools of the Mind» von Bodrova & Leong (1996) zeigt nach Diamond & Lee (2007, zitiert in Kubesch 2016) gute Erfolge. In Rollenspielen lernen Kindergartenkinder, miteinander etwas auszuhandeln, Prioritäten zu setzen, Reihenfolgen festzulegen und gemeinsam zu planen. Angeleitetes und selbstständiges Spielen, gute Tagesstrukturen, klare Regeln des Gruppenlebens und viele selbstständigkeitsfördernde, unterstützende Interaktionen tragen wesentlich zur Entwicklung der kognitiven Selbstregulation bei. Einen sehr guten Einblick in diesen Ansatz erlaubt die Masterarbeit von Lisa Heller (2018), die sich intensiv mit der Förderung der Selbstregulation durch das «Tools of the Mind»-Programm auseinandersetzte. Solche Aktivitäten werden in unseren Kindergärten zu einem guten Teil bereits realisiert. Sie können leicht auch auf die Unterstufe übertragen werden.

Auch das für die «Goldie Hawn Foundation» entwickelte Programm «Mind Up» trainiert Selbstregulation und exekutive Funktionen. Es gibt davon Varianten für Kinder vom Kindergarten bis zur 8. Klasse. Ausführliche Lehrermanuals sind über folgende Website erhältlich (http://teacher.scholastic.com/products/mindup/).

Nach Diamond & Lee sind verschiedene PC-Programme geeignet, das Arbeitsgedächtnis zu trainieren. Da sie in der Regel so konstruiert sind, dass man dabei an seinen Grenzen trainiert und nach einem Fehler eine einfachere Aufgabe bekommt, trainieren sie das Arbeitsgedächtnis optimal, stellen jedoch für die Selbstregulation eine Herausforderung dar, denn Misserfolg gehört mit zum Programm. Somit kann man mit solchen Programmen auch lernen, besser mit Misserfolgen umzugehen. Die Trainings von «Cogmed» oder das Training «Braintwister» von Perrig et al. von der Universität Bern sind Beispiele für solche Programme.

Allerdings ist bei PC-Programmen Vorsicht geboten. Klingberg warnte bereits 2008, dass PC-Programme die Selbstregulation korrumpieren: das sofortige Feedback durch das Programm verhindere das Warten-Lernen oder erschwere es zumindest.

Auch Kampfkunst und Achtsamkeitstraining erwies sich in der Untersuchung von Diamond & Lee als wirksam zum Aufbau der Selbstregulation (Diamond & Lee 2007, in Kubesch 2016). Mit Sport und Bewegungsspielen versucht man über körperliche Aktivität die kognitive Selbstregulation zu verbessern. Obschon es noch nicht so viele den strengen wissenschaftlichen Kriterien genügende Studien gibt, kann vermutet werden, dass auf diese Weise Selbstregulation gefördert werden kann. Entscheidend ist dabei, dass ein solches Programm auch kognitiv anspruchsvoll ist – indem es etwa Planung, Überwachung und Rückblick erfordert. Von einem einfachen Lauftraining kann im Blick auf kognitive Selbstregulation nicht allzu viel erwartet werden. Man müsste die Aktivitäten kognitiv «aufladen»: z. B. indem man voraussetzt, dass Abläufe und andere Aktivitäten geplant und diese Planungen verbalisiert werden müssen (Diamond & Lee 2007, Kubesch 2016).

Roebers et al. entwickelten eine sozial-interaktive Spielesammlung namens «Nele und Noa im Regenwald» (Roebers et al. 2014). Eingebettet in eine Rahmengeschichte von zwei Kindern als Forscher (Nele und Noa) werden einzeln und in Kleingruppen kleine Aufgaben erledigt. In dieser Spielesammlung für die Individualförderung (Labyrinthe, Suchbilder etc.) gibt es auch fünf verschiedene Kleingruppenspiele für 2 bis 4 Kinder und Erwachsene sowie fünf Kreisspiele für ganze Schulklassen. Diese Materialien stehen auf drei verschiedenen Niveaus zur Verfügung. Mit einem sechswöchigen Training von täglich 30 bis 45 Minuten erzielte man bedeutsame Verbesserungen in allen drei Aspekten der kognitiven Selbstregulation (Arbeitsgedächtnis, Reaktionshemmung, kognitive Flexibilität). Anschließend wurde das Material bei 10- bis 12-jährigen Schülern eingesetzt und es wurden Verbesserungen im Arbeitsgedächtnis und in der Flexibilität erzielt, nicht jedoch in der Reaktionshemmung. Es bleibt der weiteren Forschung überlassen, zu evaluieren, ob das immer so ist oder ob auch die Reaktionshemmung auf diese Weise trainiert werden kann.

Einen ganz anderen Blick werfen Galla und Duckworth (2015) auf das Thema Selbstregulation. Sie fanden in ihren Studien heraus, dass gute Gewohnheiten («good habits») die Selbstregulation entlasten und Lernende dank diesen mit weniger Selbstregulations-Aufwand bessere Leistungen erbringen können. Schüler und Studierende mit besseren Gewohnheiten beim Essen und Schlafen und beim Bewegungsverhalten hatten weniger Mühe mit der Selbstregulation. In einem Konflikt zwischen Lernen und Freizeitbeschäftigung fiel ihnen das Lernen leichter, selbst unter ungünstigen Bedingungen. Gute Hausaufgabengewohnheiten erleichterten ihnen die Selbstregulation weiter. Im Unterricht machten sie mehr mit und ihre Hausaufgaben erledigten sie vollständig. Gute Lerngewohnheiten führten zu besseren Noten und damit zum Bestehen des ersten College-Jahres.

Wie Mischel et al. zeigen, können einfache kognitive Transformationen und eine Neubewertung helfen, die Selbstregulation zu stärken. Den Fokus der Aufmerksamkeit umzulenken (sich ablenken), die Vorstellung des Objekts der Begierde zu verändern («Das Marshmallow ist aus Plastik!») und auf die Form oder Farbe statt auf die gustatorische Qualität «süß» zu fokussieren, erwiesen sich als sehr wirksame Strategien. Im Labor wurden damit gute Effekte erzielt. Die Forscher gehen davon aus, dass diese Strategien auch im Leben helfen können (Mischel 2015).

Es gibt also schon gute Forschungsbefunde zur Entwicklung der Selbstregulation und damit viele Ideen, wie man mit seinem Autopiloten ins Gespräch kommen könnte. Schauen wir uns als nächstes die Theorie etwas genauer an, damit wir anschließend praktisch weitergehen können.

2 Psychoneuronale Grundsysteme

Da die Selbstregulation so wichtig ist, lohnt es sich, sie auch differenziert zu betrachten. Dies erlaubt tiefere Einsichten in die Prozesse und kann helfen, neue Interventionsmöglichkeiten zu entwickeln. Der Neurowissenschaftler Gerhard Roth postuliert mit Nicole Stüber (2014) sechs für die Selbstregulation grundlegende Systeme. Sie nennen diese «psychoneuronale Grundsysteme».

Das Stressverarbeitungssystem

Dieses System ist primär unbewusst und damit nicht so leicht zugänglich wie die anderen. Negative und bedrohliche Dinge sollten möglichst schnell erkannt werden. Gehirn, Körperreaktionen und Aufregung müssen rasch gedämpft werden können. Nur so kann der Organismus körperliche und psychische Herausforderungen und Belastungen im Leben meistern. Stress ist eine zentrale Äußerung unseres Autopiloten: Stress kommt ungerufen, ungesteuert oder zumindest schwer steuerbar in uns auf und verursacht verschiedene Probleme. Angst und Panik, Blockaden aller Art und körperliche Symptome machen sich breit und können uns lähmen oder krank machen.

Je nach Entwicklung in den zwölf Monaten vor und nach der Geburt (pränatale und perinatale Zeit) kann die Stresstoleranz beim Einzelnen erhöht oder reduziert sein. Wie Spork (2017, S. 250) zeigt, beginnt die wichtige Zeit sogar schon drei Monate vor der Zeugung! Wenn die Mutter bereits drei Monate vor der Zeugung oder während der Schwangerschaft großem Stress ausgesetzt ist, schädigt dies das Stressverarbeitungssystem des Kindes. Diese Probleme können heute über mehrere Generationen biologisch nachgewiesen werden und werden als Epigenetik bezeichnet (Spork 2017). Somit spielen im Stresssystem und in allen anderen biologischen Systemen im Menschen Genetik und Epigenetik zusammen. Was nichts anderes bedeutet, als dass man von außen in viele Prozesse eingreifen kann.

Dauerhafter Stress richtet bekanntlich gesundheitliche Schäden an, kann zu Krankheiten führen und behindert das Lernen. Es gilt also, ihn in Schranken zu halten. Wer Chef über seinen Stress ist, hat einen großen Vorteil im Leben.

In der Pubertät und Adoleszenz fühlen sich viele Jugendliche schnell gestresst. Sie äußern dies oft und häufig ist diese Schilderung auch zutreffend. Nicht immer allerdings, wie Spitzer (2005) zeigte: Jugendliche wurden während mehrerer Tage mehrmals am Tag über ihr Stresserleben befragt. Gleichzeitig wurden physiologische Daten erhoben (elektrischer Hautwiderstand und Puls). Erstaunlicherweise beschrieben die meisten Schüler sich als sehr gestresst während der Schulzeit und als total entspannt, wenn sie in der Freizeit befragt wurden. Die physiologischen Parameter zeigten allerdings das Gegenteil: Die Schüler waren in der Freizeit gestresst und in der Schule entspannt. Es scheint recht schwierig zu sein, im Jugendalter seinen Stress zu spüren. Möchte man als Lehrperson, Therapeutin oder Elternteil hier intervenieren, braucht man glücklicherweise nicht zu warten, bis die Betroffenen den Stress selber wahrnehmen, denn man kann Stressabbau in ruhigen Momenten sehr gut lernen und trainieren.

Das Beruhigungssystem

Dieses System ist primär unbewusst. Es hilft, Aufregung abzubauen und aus eigener Kraft innere Ruhe wiederzufinden. Bereits im Säuglingsalter zeigen sich hier sehr große Unterschiede. Während die einen Babys schlechte Selbstberuhigungsfähigkeiten haben (solche mit Trink- oder Schlafstörungen), können sich andere selber beruhigen. Sie finden den Daumen oder den Schnuller und schlafen wieder ein. Eltern und andere Bezugspersonen können unruhigeren Babys helfen, sich zu beruhigen (Schnuller geben, Baby wiegen, selber ruhig bleiben, selber ruhig atmen und für eine ruhige Umgebung sorgen) und die Kinder dabei unterstützen, sich zu beruhigen.

Bis zur Pubertät und Adoleszenz haben die meisten Kinder gelernt, sich bei alltäglichem Stress einigermaßen zu beruhigen. Wer das dann noch nicht gut kann, ist gefährdet, auffälliges Verhalten zu entwickeln oder später zu Drogen wie Alkohol oder Cannabis Zuflucht zu nehmen. Es ist also wichtig, frühzeitig zu intervenieren und Kindern zu zeigen, was ihnen helfen könnte, mit dem Autopilot ins Gespräch zu kommen und sich selbst zu beruhigen.

Dabei spielt der Botenstoff Serotonin eine große Rolle: Ist zu wenig Serotonin vorhanden, entstehen Ängstlichkeit, Depression, Risikoscheu, manchmal auch Aggressivität und Impulsivität. Manche Menschen erleben die Welt stets als bedrohlich.

Das Belohnungssystem

Dieses System kann unbewusst, vorbewusst-intuitiv oder bewusst sein. Der Autopilot spielt auch in diesem System eine sehr große Rolle. Roth & Stüber unterscheiden zwischen zwei Untersystemen:

a) Das Belohnungssystem

Körpereigene Opioide bewirken unbewusste Belohnungserfahrungen auf der unteren limbischen Ebene. Auf der oberen limbischen Ebene führen sie zu einem Gefühl von Befriedigung und Lust.

Defizite aufgrund negativer Erfahrungen in früher Kindheit können Probleme nach sich ziehen, weil Belohnungen nicht gespürt werden können: Ständig werden neue Belohnungen gesucht, was beispielsweise zu riskantem Verhalten führen kann («sensation seeking», vgl. Roth & Stüber 2014, S. 148).

b) Das Belohnungserwartungssystem

Dieses baut auf Belohnungserfahrungen auf und ist dopamingesteuert. Im Normalfall werden aus Belohnungserfahrungen Belohnungserwartungen: Wenn wir mehrmals erlebt haben, wie gut es sich anfühlt, Sport gemacht zu haben, erwarten wir auch beim nächsten Training, dass dieses belohnende Gefühl wieder eintritt.

Negative Erfahrungen in der pränatalen und perinatalen Zeit können zu Defiziten im Belohnungs- und Belohnungserwartungssystem führen. Daraus können sich Motivationsprobleme entwickeln: Ziele scheinen nicht attraktiv oder unerreichbar und Apathie und Hoffnungslosigkeit machen sich breit.

In der Pubertät und Adoleszenz sind Motivationsprobleme für Schulisches an der Tagesordnung, während meist die volle Motivation für andere Tätigkeiten mobilisiert werden kann.

Wenn es gelingt, ungünstige Voraussetzungen aufgrund problematischer Entwicklungen gut zu beeinflussen, können Menschen jedoch lernen, Motivation aufzubauen. Sie können mit dem Autopiloten ins Gespräch kommen und mit ihm verhandeln. Eltern, Pädagogen oder Psychologen sind hier ganz wichtige Helfer.

Das Impulskontrollsystem

Impulskontrolle (Roth & Stüber sprechen von Impulshemmung) und Toleranz gegenüber Belohnungsaufschub, aber auch das Aushalten verschiedener Widrigkeiten müssen sich im Verlauf des Lebens entwickeln, damit man emotional und sozial gut leben kann. Roth & Stüber gehen davon aus, dass dies ein «meist mühsamer Prozess» sei (2014, S. 148). In Schul- und Familien-Alltag zeigt sich, dass solche Probleme häufig sind und dass es großer Energie bedarf, die zu ihrer Bewältigung erforderliche Selbststeuerung zu lernen.

In der Pubertät und Adoleszenz ist bei vielen Jugendlichen wegen der großen Umbauprozesse im Gehirn ein wahrer Zusammenbruch der Impulssteuerung zu beobachten. Sie rasten aus, meiden alles, was keinen Spaß macht und können nicht mehr auf eine Belohnung warten. Die Selbstregulation bricht zusammen, der Autopilot dominiert. Ohne subtile, aber beharrliche Fremdsteuerung ist vieles plötzlich nicht mehr möglich.

Forschungsarbeiten zeigen, dass gerade dieses System für die Lebensbewältigung von großer Bedeutung ist. Mischel (2015, 2006) zeigte schon in den 1960er-Jahren die großen interindividuellen Unterschiede in der Fähigkeit zum Belohnungsaufschub bei vierjährigen Kindern. Seine Nachuntersuchung ergab (Eigsti, Mischel et al. 2006), dass die Fähigkeit zur Impulskontrolle über wichtige Lebensbereiche entscheidet. Berufliche Entwicklung, Beziehungen sind im Alter von etwa 23 Jahren deutlich besser entwickelt und die Kriminalitätsrate ist geringer bei Menschen, die bereits als Vierjährige warten konnten. Moffitt et al. haben 2011 diese Ergebnisse bestätigt: Ihre ab Geburt untersuchten Versuchspersonen zeigten mit 34 Jahren dieselben Stärken und Schwächen in der Impulssteuerung wie Mischels Versuchspersonen. Probanden, denen das Warten schon als Kleinkind leichtgefallen war, waren mit 34 Jahren gesünder, hatten weniger Suchtprobleme und verfügten über mehr Geld. Das Impulskontrollsystem scheint also sehr wichtig zu sein. Dieses in den Blick zu nehmen ist deshalb für Pädagogen, Psychologen und Eltern eine wichtige Aufgabe.

Das Impulskontrollsystem ist zwar zu einem großen Teil unbewusst, dem Bewusstsein jedoch nicht völlig unzugänglich, denn das Frontalhirn spielt eine wichtige Rolle. Damit ist es auch offen für Umwelteinflüsse. Die ständige Interaktion zwischen Frontalhirn und limbischem System macht das Impulskontrollsystem unberechenbar: Man weiß nie, ob jetzt gerade der unbewusste oder der bewusste Teil des Hirns das Sagen hat. Die folgende Darstellung des Gehirns als zweistöckiges Haus illustriert dies.

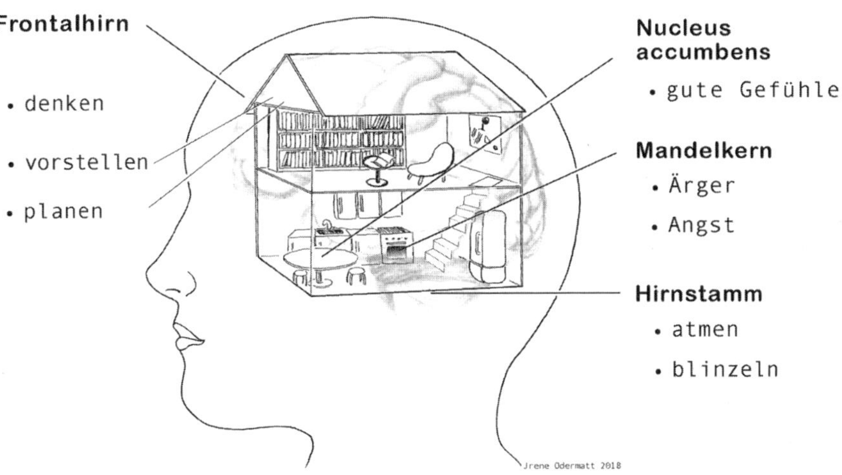

Abb. 1 Haus im Gehirn. In Anlehnung an Siegel & Bryson (2013, S. 63) stark modifiziert.
Im oberen Stockwerk finden sich Strukturen und Netzwerke, die für die Selbstregulation und andere bewusste Aktionen notwendig sind (Frontalhirn). Im unteren hingegen solche, die unbewusst oder halb bewusst sind wie Gefühle (limbisches System: Sitz des «Autopiloten»). Über eine Verbindung zwischen diesen beiden Systemen können Eindrücke ins Bewusstsein aufsteigen oder ins Unbewusste absinken (hier als Treppe dargestellt). Interessant ist dabei besonders, dass diese Verbindung trainiert werden kann, was im Allgemeinen als Selbstregulation verstanden wird.

Das Bindungssystem

Das Bindungssystem beginnt sich in den ersten Wochen nach der Geburt zu entwickeln. Lächeln, Reaktionen auf Äußerungen des Babys und andere soziale Interaktionen setzen es in Gang.

Verschiedene Botenstoffe sind an dieser Entwicklung beteiligt: Das «Wohlfühlhormon» Oxytocin bewirkt, dass sich Kind und Bezugspersonen wohlfühlen. Der Botenstoff Serotonin beruhigt durch Bindung. So kann sich ein gutes Bindungsverhalten entwickeln. Anlage und Umwelt interagieren sehr stark miteinander: Bei genetischen oder epigenetischen Defiziten und schlechten Erfahrungen in der Kindheit können sich schwere Bindungs- und Persönlichkeitsstörungen entwickeln. Mit guten Erfahrungen kann eine problematische Anlage teilweise kompensiert werden. Umgekehrt können bei einer guten genetischen Ausstattung auch schwierige Umwelteinflüsse recht gut integriert werden. Das zeigt die Resilienz-Forschung.

Sowohl das Belohnungs- als auch das Belohnungserwartungssystem sind stark involviert bei diesen Prozessen.

Das Bindungssystem ist grundlegend für Leben und Lernen. Neurowissenschaftlich betrachtet funktioniert dieses System sowohl unbewusst als auch halb bewusst (vorbewusst) oder ganz bewusst (Roth & Stüber 2014). Man spürt ein Unbehagen («Ich mag jetzt nicht!») und reagiert mit Abwehr. Wird dieses Gefühl nicht bewusst wahrgenommen, bleibt es «still» im Frontalkortex. Die Verbindung vom limbischen System in den Frontallappen ist unterbrochen und man ist dieser Emotion ausgeliefert. Einblick zu nehmen in diese Abläufe hilft dabei, mit den entsprechenden Emotionen umzugehen (s. a. Siegel & Bryson 2013).

Von den Neurowissenschaften wissen wir, dass die Signalübertragung über die Spiegelneuronen extrem schnell erfolgt: Ehe wir es bemerken, erfassen wir den Gefühlszustand unseres Gegenübers und übernehmen ihn, ohne es zu wollen. Im pädagogischen Alltag können wir beobachten, wie begeisterte Lehrpersonen ihre Schüler begeistern, denn Freude steckt an und beflügelt das Lernen. Es entsteht Resonanz (Bauer 2018). Aber Vorsicht: Es funktioniert auch andersherum! Unmotivierte Bezugspersonen können nicht begeistern und unmotivierte Schützlinge beflügeln auch ihre Bezugspersonen nicht.

Gerade jüngere Kinder machen beim Lernen vieles für die Lehrperson oder die Eltern. Aber auch Jugendliche und Erwachsene können mithilfe ihres Bindungssystems besser lernen. Während der Pubertät und Adoleszenz kommt das Bindungssystem Erwachsenen gegenüber allerdings ziemlich unter Druck. Jugendliche wollen selber bestimmen, was sie tun und Bezugspersonen sind in der unangenehmen Lage, diesen Freiheitsdrang in Schranken halten zu müssen.

Das Realitäts- und Risikobewertungssystem

Dieses System beginnt sich im dritten Lebensjahr zu entwickeln, sobald Aufmerksamkeit und Gedächtnisleistungen dafür ausreichen. Es erlaubt eine adäquate Realitätswahrnehmung und eine angemessene Risikoeinschätzung. Es funktioniert vor allem auf der bewussten, kognitiv-sprachlichen Ebene, die erst im Erwachsenenalter mehr oder weniger ausgereift ist.

Verschiedene Botenstoffe helfen, Aufmerksamkeit und Konzentration zu mobilisieren, komplexe Realitäten zu erfassen und Risiken gut einzuschätzen. Das Realitäts- und Risikobewertungssystem arbeitet nicht allein, sondern wird von den anderen Selbstregulationssystemen unterstützt.

Dieses System funktioniert auf einfachem Niveau bereits vor der Pubertät. In Pubertät und Adoleszenz gibt es hier viele Pannen und manchen Ausfall. Risiko-Einschätzungen können teilweise ziemlich weit neben der Realität liegen: Jugendliche sind nun teilweise nicht mehr in der Lage, Gefahren zu erkennen, die sie früher mühelos erkannten. Das führt zum riskanten Verhalten junger Menschen, das häufig beobachtet werden kann. Aber auch völlig überdimensionierte Ängste, Panik und andere negative Gefühle können eine Folge sein. Gelingt es, den Autopiloten zu beruhigen, der diese ungünstigen Emotionen auslöst, kann eine realistischere Einschätzung entstehen und helfen, Gefahren zu sehen und Ängste zu überwinden.

Was können wir in den (heil-)pädagogischen Alltag mitnehmen?

Die exekutiven Funktionen wurden bis heute in der Regel auf der kognitiv-sprachlichen Ebene angesiedelt. Forschung und Erfahrung zeigen, dass dies eine unvollständige Sicht ist, da auch unbewusste Prozesse eine wichtige Rolle spielen.

Der Autopilot ist nicht nur eine «dunkle Ecke» in uns, die uns das Leben erschwert und die Selbstregulation immer wieder torpediert. Er ist auch ein unschätzbarer Helfer: Er erlaubt uns, einfache Dinge (z. B. Gehen oder Stehen) automatisch zu tun. Sonst könnten wir nicht gehen und gleichzeitig denken, planen oder sprechen. Er provoziert jedoch spontane und unüberlegte Aktionen, die wir mit Selbstregulation zu steuern lernen können. Am besten verhandeln wir bewusst mit dem Autopiloten, denn im Team funktioniert alles besser.

Für Heilpädagogen, Lehrpersonen, Psychologen und Eltern wird somit klar: Es kommt bei der Entwicklung sehr wohl und sehr stark darauf an, mit welchen Anlagen ein Mensch geboren wird (Genetik). Wie man in sie eingreift, hinterlässt jedoch auch biologische Spuren (Epigenetik). Man kann bei Kindern mit ungünstigen (genetischen und epigenetischen) Entwicklungsbedingungen noch vieles verändern. Allerdings leider nicht alles. Pädagogischer oder therapeutischer Übermut ist keineswegs angesagt, pädagogischer oder therapeutischer Mut hingegen schon.

Nach diesen Erkenntnissen und Vorüberlegungen kommen wir nun zu praktischen Wegen, wie man Selbstregulation fördern kann.

3 Viele Blicke auf viele Wege zur Selbstregulation

Einleitung

Die Selbstregulation ist eine wichtige Voraussetzung für eine gute Lebensbewältigung und für gutes Lernen. Aber erst wenn wir wahrnehmen, wie es uns geht, können wir entscheiden, *ob* wir etwas unternehmen wollen und falls ja, *was*. Die **Selbstwahrnehmung** ermöglicht und erleichtert die Selbstregulation.

Forschung und Praxis zeigen: Die Selbstregulation ist nicht überall und immer gleich. Es gibt Themen oder Lebensbereiche, in denen sie bei manchen Menschen praktisch immer intakt ist: Wer nicht so gerne Süßigkeiten hat, wird einem Stück Schokolade leichter widerstehen können als ein Schokoladefreak. Wer gerne Fremdsprachen hat, wird sich leicht überwinden können, an einem sonnigen Nachmittag eine halbe Stunde ins Vokabellernen zu investieren. Wer hingegen Fremdsprachen nicht mag, hat hier ein Problem und seine Selbstregulation wird ernsthaft herausgefordert.

Es gibt **Zeiten**, in denen die Selbstregulation schwach ist. Schlafmangel und die Stärke oder die Menge der Ablenkungen spielen eine große Rolle. Wir alle kennen Tage, an denen wir weniger motiviert sind und uns nur dank guter Selbstregulation durch die Stunden kämpfen.

Auch die **Tagesform** kann sehr stark variieren. Während es mir heute nichts ausmacht, das Stück Schokolade liegenzulassen, kann ich morgen nicht daran vorbeigehen, ohne mir ein Stück davon zu schnappen. Wenn ich der Herausforderung widerstehen kann, bin ich meistens zufrieden – sonst halt nicht. Nehme ich meine Tagesform wahr, kann ich mich danach richten. Wenn mir bewusst wird, dass es heute mit meiner Selbstregulation nicht zum Besten steht, kann ich aktiv etwas unternehmen, um sie zu stärken. Ich kann beispielsweise für ein paar Momente achtsam sein, etwas frische Luft schnappen oder kurz Bewegung suchen.

Schlafmangel hat sich in der Forschung immer wieder als Ursache für mangelnde Selbstregulation und oft auch für Aggressivität (eine Form von schlecht funktionierender Selbstregulation) erwiesen. In der Pubertät verändert sich der Schlafrhythmus, weil das Schlafhormon Melatonin später ausgeschüttet wird. Die Jugendlichen schlafen später ein, brauchen aber immer noch gleich viel Schlaf und müssen morgens meist sehr früh aus dem Bett. Versuche zeigen: Fängt die Schule am Morgen eine Stunde später an, können Teenies besser lernen und sind weniger aggressiv (Strauch 2003).

Zur Biologie hinzu kommt die Gesellschaft: Jugendliche chatten durchaus einmal die ganze Nacht lang. Jonas (14 Jahre), ein sehr sozialer Junge, kam eines Tages völlig unausgeschlafen in die Therapie. Auf die Frage, warum er so müde sei, meinte er, seine neue Freundin habe große Sorgen mit ihren Eltern. Er müsse ihr helfen und auf sie eingehen, sobald sie sich melde. Also lag er mit dem Handy im Bett und war rund um die Uhr «auf Empfang». Im Gespräch stimmte er zu, das Handy nachts auszuschalten und dies seiner Freundin zu erklären. Seine ausgezeichneten sozialen Fähigkeiten wären ihm hier beinahe zum Verhängnis geworden.

Wenn die Auswirkungen des Schlafmangels auch meistens nicht so krass sind wie bei Jonas, ist das Thema doch wichtig genug, um es immer gut im Blick zu behalten. Aus Sicht der Selbstregulation, des Lernens und der Lebensbewältigung ist klar, dass Eltern Handy und PC ihrer Kinder und Jugendlichen im Blick haben sollten. Als Lehrperson kann man zu mehr Selbstregulation motivieren und versuchen, die Schulkinder zu überzeugen, dass es sich lohnt, sich darin zu üben. Man kann auch Elternabende einsetzen, um das Bewusstsein der Eltern für die Bedeutung der Selbstregulation zu stärken.

Auch Art, Stärke und Menge der **Ablenkung** können eine Herausforderung für die Selbstregulation sein. Mitten auf dem Rummelplatz könnten wir alle uns nicht aufraffen, ein komplexes Problem zu lösen oder für eine Prüfung zu lernen. Unsere Selbstregulation ist in diesem Kontext überfordert. Wenn wir also eine wichtige Arbeit machen wollen oder ein Kapitel in einem Buch gut lesen möchten, ziehen wir uns besser zurück in eine Umgebung, die nur wenig Ablenkung mit sich bringt.

Das tun allerdings längst nicht alle Menschen. Vielmehr tummeln sich viele nur zu gern auf dem mentalen Rummelplatz, umzingelt vom klingenden Handy, flackernden PC oder Tablet, von der Lieblingsserie im TV *und* dem Buch, das man bis morgen «intus» haben muss. «**Multitasking**» nennt sich dieses Phänomen, das mittlerweile ganz gut erforscht ist.

Wir wissen heute, dass mit Multitasking kognitiv anspruchsvolle Aufgaben nicht gut erledigt werden können. Wir können gehen und gleichzeitig sprechen, weil das Gehen automatisiert ist. Wir können aber nicht auf dem PC eine vernünftige Mail schreiben, während wir SMS lesen. Mit Multitasking werden in mehr Zeit mehr Fehler gemacht, als wenn man sich auf nur eine Aufgabe konzentriert. Das Gehirn, das eine große Vorliebe für Abwechslung hat, lässt sich allzu leicht täuschen. Gerne gaukelt es uns vor, es sei schneller und besser gegangen mit Multitasking.

Wer viele Ablenkungsmöglichkeiten und Selbststeuerungsfallen ausschaltet, hat es einfacher: Ward, Duke et al. (2017) untersuchten, wie sich ein Handy auf die kognitiven Leistungen auswirkt. 800 Probanden wurden in drei Gruppen aufgeteilt (je nach Gruppe mit dem Handy auf dem Tisch, in der Tasche oder in einem anderen

Raum). Die Teilnehmer mit dem Handy auf dem Tisch schnitten bei dem Test deutlich schlechter ab als die Gruppe, deren Smartphone sich in einem anderen Raum befand. Daraus folgt, dass Menschen von Handys grundsätzlich abgelenkt werden, sobald sie sich in der Nähe befinden. Es scheint, als werde unsere Konzentrationsfähigkeit bereits durch die verzweifelten Bemühungen des Gehirns, sich *nicht* vom Smartphone ablenken zu lassen, maßgeblich eingeschränkt. Auch ein ausgeschaltetes Handy fordert die Selbstregulation heraus und erst ein Handy, das man gar nicht mehr sieht («Aus den Augen, aus dem Sinn») ist relativ neutral. «Relativ» deshalb, weil man trotzdem immer wieder daran denkt.

Viele Studierende erkennen die Gefahren dieser digitalen Ablenkungen und ziehen sich in eine Bibliothek zurück, wo es weniger Ablenkung gibt und wo alle anderen Menschen auch am Lernen sind. Durch die Omnipräsenz der Elektronik ist das heute zwar nicht mehr so einfach möglich wie früher. Aber immerhin sind wir in der Bibliothek nicht allein mit dem Lernen – was für uns als soziale Wesen wichtig ist.

Tagesform, Schlafmangel sowie Art und Stärke der Ablenkung beeinflussen sich gegenseitig. Man kann zusammenfassend sagen: «Schlafe genug, nimm deine Tagesform wahr und strukturiere deine Umwelt gut (sprich: geh weg vom mentalen Rummelplatz).»

Im Folgenden suchen wir praxistaugliche Wege zur Umsetzung dieser Maxime. Dabei stellen wir verschiedene Übungen, Spiele und Trainingsmöglichkeiten vor. Wir werden Kindern und Jugendlichen begegnen, die in Wirklichkeit natürlich anders heißen. Dialoge zeigen, was bei der Thematisierung der Selbstregulation wichtig ist und sie erklären, was einzelne Äußerungen bewirken sollen oder können. All das soll helfen, sich die Selbstregulation bewusst zu machen und sie im «oberen Stockwerk» zu installieren, was ja nur mithilfe der Sprache möglich ist. Gleichzeitig darf man dabei das untere Stockwerk (also den Autopiloten) nicht aus den Augen verlieren.

Dabei behalten wir im Blick, dass wir Selbstregulation nicht um ihrer selbst willen trainieren und entwickeln wollen, sondern weil eine gut trainierte Selbstregulation das kognitive, emotionale und soziale Leben erheblich erleichtern kann. Bauer geht sogar einen Schritt weiter: «Was die Selbststeuerung zu einem anthropologischen Desiderat ersten Ranges macht, ist die Tatsache, dass sie der einzige Weg ist, zu uns selbst zu finden und unser wirkliches Leben zu leben» (2015, S. 169). Machen wir uns also auf den Weg! Befreunden wir uns mit unserem Autopiloten und bringen wir ihn immer wieder mit unserer Selbstregulation in Kontakt.

4 Achtsamkeit und Mucksmäuschenstillarbeit

Achtsamkeit bedeutet, im Hier und Jetzt zu sein, im Moment zu sein, sich nicht ablenken zu lassen – und wenn, dann nur kurz. Sie kann dazu dienen, die Selbstregulation aufzubauen. Jede Sekunde Achtsamkeit ist eine Sekunde Selbstregulation, weil ich mir vornehme, während einer gewissen Zeit achtsam zu sein. Ich achte dann darauf, dass ich das auch wirklich tue. Ich kontrolliere mich selbst, und zwar geduldig und beharrlich. Ich gebe nicht auf, wenn es heute nicht so gut geht wie gehofft. Ich bleibe dran und weiß dabei: Morgen geht es wieder besser.

In den 1970er-Jahren entwickelte Jon Kabat-Zinn, ein US-amerikanischer Psychologe, auf Basis der buddhistischen Meditation ein Training, mit dem man in Kliniken gestresste Manager behandelte. Er nannte es «Mindfulness Based Stress Reduction» (MBSR, achtsamkeitsbasierte Stressreduktion). Diese Trainings waren sehr erfolgreich und werden bis heute weltweit angewendet.

Aus dem klassischen Training für Erwachsene entstanden Varianten für verschiedene Zwecke (z. B. für verschiedene Krankheitsbilder, etwa Depressionen und Angststörungen), aber auch Formen für Kinder und Jugendliche. Eline Snel hat mit ihrem Buch «Stillsitzen wie ein Frosch» (2013) eine Einführung für Eltern oder Lehrpersonen geschrieben und kurze Meditationen zu verschiedenen wichtigen Themen verfasst. Die gesprochenen Meditationen liegen dem Buch auf CD bei. Manche Leute orientieren sich an diesen und sprechen sie für ihre Kinder dann selbst, was erfahrungsgemäß viele Kinder lieber mögen.

Auf YouTube gibt es viele Meditationen bekannter Meditationslehrender, die man ganz einfach allein anwenden kann. Wer das Stichwort «MBSR» googelt, landet rasch auf der Website von ausgebildeten MBSR-Lehrenden und findet leicht heraus, wo der nächste Kurs in der Nähe stattfindet.

Wie funktioniert Achtsamkeit und was bewirkt sie?

Neurowissenschaftlich betrachtet führt die Achtsamkeitspraxis zu funktionellen und anatomischen Veränderungen in verschiedenen Hirnregionen und Netzwerken. Die Achtsamkeit hilft nach Hölzel et al. (2011) zur Aufmerksamkeitsregulation, zu Körperbewusstsein und zur Emotionsregulation. Mit Achtsamkeit kann man lernen, zur inneren Ruhe zu kommen, gelassener zu werden und zu bleiben, sicher zu sein in den Momenten der Achtsamkeitsübung, meistens aber auch längere Zeit darüber hinaus.

Achtsamkeit hilft uns gleichzeitig auch, wach und im Augenblick präsent zu sein. Sie ermöglicht es uns, aus dem Modus «Autopilot» (so nennen Neurowissenschaftler gerne automatische, unbewusste Aktionen) herauszukommen und Dinge bewusst zu tun. Wenn wir die Haustüre achtsam schließen, müssen wir nicht mehr zurücklaufen, um zu kontrollieren, ob wir sie wirklich geschlossen haben. Dann *wissen* wir es, weil wir bewusst und achtsam gehandelt haben. Zwei Sekunden Achtsamkeit können uns viel Zeit und manchen Kummer ersparen – und manchen weiten Weg, weil wir nicht extra nach Hause zurückgehen müssen, um die Tür zu kontrollieren.

Sie kann aber auch helfen, die Konzentration zu fördern, denn jeder Moment der Achtsamkeit ist ein Moment der Konzentration. Je mehr solche Momente wir haben, desto besser werden wir uns konzentrieren können.

Achtsamkeit hilft auch, die Selbstwahrnehmung aufzubauen. Wenn ich Außenreize ausschalte, kann ich mich auf Innenreize konzentrieren. Wie schlägt mein Herz? Wie geht mein Atem? So kann ich spüren lernen, ob ich in einer Situation ruhig und konzentriert bin oder nicht.

Wie wirkt Achtsamkeit bei Kindern?

Auch Kindern kann Achtsamkeit helfen, ruhiger, gelassener und konzentrierter zu werden und es auch in schwierigen Situationen zu bleiben. Es gibt diesbezüglich ermutigende Forschungsergebnisse.

Erfahrungen mit Kindergartenkindern (berichtet von Kindergärtnerinnen, die meine Kurse besuchen), jungen Grundschulkindern (berichtet von Christoph Simma, mündliche Mitteilung) und Oberstufenschülern (eigene Erfahrungen in Therapien) zeigen, dass Kinder erstaunlich rasch lernen, achtsam zu sein. Auch junge Kinder merken rasch, dass es guttut, eine Weile achtsam zu sein. Bereits junge Schüler merken, wie ihnen das hilft: So baten ein paar Kinder der ersten Klasse ihren Lehrer (berichtet von Simma, mündliche Mitteilung) nach der Pause um eine Achtsamkeitsübung, weil sie sich in der Pause gestritten hätten und noch ganz aufgeregt seien. Sie spürten, dass Achtsamkeit ihnen half, ihre Emotionsregulation ins Lot zu bringen. Andere wünschten sich, im Schweigen zeichnen zu dürfen, weil es dann so schön ruhig sei im Klassenzimmer und man so schön zeichnen könne (Bericht einer Kursteilnehmerin).

Achtsamkeit hilft auch beim Essen. Jan, ältestes von drei Kindern in einer Familie, in der es einige ADHS-Betroffene gab, konnte mittags zu Hause gar nicht essen vor lauter Aufregung. Ständig versuchte er, etwas zu erzählen – aber die Geschwister ließen ihn nicht zu Wort kommen. Die Eltern nahmen die Anregung für das

Experiment «Essen im Schweigen» interessiert auf. Der Vater stellte den Küchenwecker und motivierte die Familie, für mehrere Minuten schweigend zu essen. Die Mutter war schon nach zwei Wochen begeistert, weil Jan jetzt auch am Mittag etwas esse und zufrieden am Tisch sitze. Jan selbst fand es cool, endlich Zeit zum Essen zu haben, weil man ja in diesen Minuten ohnehin nicht reden durfte. Die Situation beruhigte sich zur Zufriedenheit der ganzen Familie rasch und markant. Achtsamkeit hilft also auch, in Ruhe essen zu können.

Nick, ein vierzehnjähriger Klient, war vor dem ersten Achtsamkeitstraining sehr besorgt, Achtsamkeit nicht lernen zu können, weil er hyperaktiv sei. Meine Äußerung, es mache gar nichts, wenn es nicht klappe, er solle einfach so tun, als ob es klappen würde, beruhigte ihn. Einfach so tun, das würde er sicher können, dachte er sich und stieg beruhigt darauf ein. Er durfte die Dauer des Trainings selber bestimmen. Weil er nach sechs Minuten immer noch in völliger Ruhe dasaß, bat ich ihn, langsam zurückzukommen. Auf die Frage, wie es gewesen sein, meinte er strahlend: «So schön, so ruhig da oben!» und deutete auf seinen Kopf. Er spürte bereits beim ersten Versuch, wie positiv die Ruhe auf ihn wirkte.

Wie kann Achtsamkeit zur Entwicklung der Selbstregulation beitragen?

Achtsamkeit ist eigentlich nichts anderes als Selbstregulation: Ich nehme mir vor, eine gewisse Zeit still zu sein und auf meinen Atem zu achten oder eine Tätigkeit bewusst auszuüben (z. B. Schuhe binden, Zähne putzen) und indem ich das tue, trainiere ich meine Selbstregulation. Losgelöst von allen konkreten Lebensinhalten und Aufgaben konzentriere ich mich einfach auf das, was ich mir vorgenommen habe. Die Neurowissenschaften lehren uns, das, was wir besser können möchten, möglichst oft zu tun. Je häufiger wir es tun, desto besser beherrschen wir es. Genau so geht es auch mit der Achtsamkeit.

Die Erfahrung zeigt, dass Kinder sehr schnell lernen, achtsam zu sein. Sie brauchen keine Stunde, um achtsam zu werden, sondern können mit einer erstaunlichen Leichtigkeit umstellen. Allerdings können sie nicht ohne weiteres lange Zeit in diesem Zustand bleiben. Schließlich sind Kinder eben Kinder. Aber wenige Minuten können schon viel bewirken. Je häufiger wir Achtsamkeit geübt haben, desto schneller und leichter erreichen wir sie. Deshalb kann schon kurze Zeit viel bewirken.

Wer als Lehrperson eigene Erfahrungen machen möchte damit, kann einen MBSR-Kurs besuchen. Das ist beste Gesundheitsvorsorge, ein ausgezeichnetes Anti-Burnout-Training, macht zufrieden und außerdem auch glücklich (vgl. die Literatur und Links zu MBSR)

Man kann bei einer Achtsamkeitsübung auf den Körper achten (z. B. auf den Atem, das Hören, Sehen oder Fühlen) oder einen Gegenstand beobachten. Der Körper hat den Vorteil, dass man ihn immer dabeihat und nie suchen muss … «Instant Meditation» nennt Valentin (2015 S. 201) dies: «Sie besteht einfach darin, mehrmals am Tag in unseren Aktivitäten innezuhalten und mit wohlwollendem Interesse ‹bei uns selbst vorbeizuschauen›. Das heißt, wir richten unsere Aufmerksamkeit kurz von unseren Aktivitäten weg nach innen und fragen uns: ‹Hallo, wie geht es dir gerade?›» Auch Bauer (2018) plädiert für solche kurzen Auszeiten im Alltag.

Man kann aber auch innehalten und sich in seiner aktuellen Handlung beobachten oder gewisse Tätigkeiten ganz bewusst ausüben. Zähneputzen oder Geschirr abwaschen sind beliebte und oft genannte Beispiele.

Die Grundübung: Anleitungen für stille Minuten

Fast jedes Kind weiß, dass es den PC oder das Handy herunterfahren und einen Neustart machen kann, wenn das Gerät sich «aufgehängt» hat. Wenn Kinder aus dem Lot sind, können sie dasselbe tun: Herunterfahren und Neustart. Das geht mit Achtsamkeit ganz einfach und leuchtet jedem Kind ein. Erfreulicherweise geht es auch so einfach wie beim PC.

Wichtig ist es, die folgenden Sätze langsam, mit Pausen, Nachdruck und innerer Ruhe zu sprechen (im Buch «Träumer oder ADS» [Brunsting 2014] findet sich auf der CD eine Tonspur mit verschiedenen Anleitungen):

1. «Setze dich aufrecht hin, lasse die Hände auf die Oberschenkel sinken und schließe deine Augen halb oder ganz. Atme so, wie es kommt. Lass den Atem fließen. Spüre, wo du den Atem am besten spürst: In der Nase, bei den Nasenlöchern, in der Lunge oder im Bauch. Geh mit deiner Aufmerksamkeit dorthin und bleibe so lange als möglich dort. Geh immer wieder zurück, immer wieder, immer wieder.»
2. «Du möchtest lernen, konzentrierter und aufmerksamer zu sein? Dann setze dich aufrecht hin. Stelle die Füße gut auf den Boden. Schließe deine Augen halb oder ganz. Atme so, wie es kommt. Lasse den Atem fließen, ein und aus, ein und aus … Versuche herauszufinden, wo du deinen Atem am besten spürst: In der Nase – bei den Nasenlöchern? In der Lunge? Oder im Bauch? … Geh nun mit deiner Aufmerksamkeit an diesen Ort. Bleibe an diesem Ort so lang du kannst. Komm

immer wieder dahin zurück … Wenn du lang genug dort warst, kommst du wieder zurück. Öffne deine Augen. Recke dich und strecke dich, wenn du magst.»

Das Notieren der Trainingszeiten kann den Effekt verstärken. Das Ziel ist es, sich selbst und manchmal auch anderen zu zeigen, wie lange man geübt hat, denn je länger man geübt hat, desto achtsamer kann man sein.

Punktesysteme können auch dabei helfen, Achtsamkeit zu üben und gute Gewohnheiten aufzubauen. Bekommen Kinder für je zwei stille Minuten einen Smiley, den sie irgendwann einmal gegen etwas eintauschen können, macht das Training noch mehr Freude. So üben wir Selbstregulation und haben zusätzlich Freude.

Stille Minuten…	**Name**
Datum	**Wie lang?**
2.10.18	3 Min.

Bergmeditation

Dies ist eine längere und sehr bekannte Meditation, die man auf YouTube in vielen Varianten finden kann. Eine mögliche Instruktion lautet:

«Setze dich bequem und aufrecht hin. Atme fünfmal ruhig ein und aus, ruhig und gerade so, wie es kommt. Stelle dir nun vor, du wärst ein Berg. Es kann einer sein, den du kennst, einer, den es gibt oder einer, den es nur in dir drinnen gibt.

Schau ihn gut an. Ist er hoch oder nicht? Vielleicht ist er schneebedeckt, vielleicht auch nicht. Vielleicht gibt es auf ihm Wiesen oder Wälder oder nichts von beidem?

Stelle dir vor, du wärst wie der Berg, groß, stark, unverrückbar. So stark wie ein Berg – niemand könnte dich verschieben. Niemand könnte dich aus der Ruhe bringen. Niemand könnte dich ablenken.

Ruhig und stark stehst du da, spürst deine innere Stärke und bist ganz ruhig. Nichts, aber auch rein gar nichts, kann dich aus der Ruhe bringen. Du stehst und genießt deine Stärke …»

Gerade stark verunsicherte Kinder sind hier gerne dabei und nehmen das Gefühl der Stärke dann auch in ihren Alltag mit. Das Bild ihres Berges kann sie in schwierigen Situationen an ihre eigene Kraft und Stärke erinnern.

Facetten der Selbstregulation

Nun richten wir den Blick auf verschiedene wichtige Facetten der Selbstregulation und schauen, was Kinder, Jugendliche und Erwachsene unternehmen können, um ihre Achtsamkeit zu trainieren:

- **Selbstregulation der Aufmerksamkeit**
- **Selbstregulation des Affekts, der Motivation**
- **Selbstregulation der Impulse**
- **Selbstregulation beim Anfangen und beim Beenden**

Selbstregulation der Aufmerksamkeit

Achtsam hören, sehen oder spüren

Kinder, Jugendliche und Erwachsene können achtsam hören, sehen oder spüren.

Kurze Spiele

Das Fünfminutenspiel

Man kann es im Schulzimmer oder im Wohnzimmer spielen. Aber auch im Wald, auf dem Pausenplatz oder sonst unterwegs.

Instruktion, Phase 1

«Seid achtsam auf alles, was ihr in den nächsten fünf Minuten hört (seht oder spürt) und merkt es euch gut.»

Phase 2

Wir können anschließend notieren, was wir gehört oder gespürt haben, können uns mündlich austauschen. Wir können beides tun, notieren und mündlich austauschen.

Wenn wir noch kurz das Arbeitsgedächtnis trainieren wollen, motivieren wir die Kinder, sich zu merken, was andere berichtet haben und zu sehen, wer am meisten erinnern kann. So wird es zum Spiel oder Wettbewerb.

Längere Spiele

Auf dem Heimweg, Schulweg usw.

Instruktion
«Achtet darauf, was ihr heute auf dem Nachhauseweg hört (seht oder spürt) und sammelt es bis ihr zu Hause seid. Schreibt es dort auf und bringt es in die Schule oder in die Therapie mit.»

Benno, ein Dreizehnjähriger mit einigen Aufmerksamkeitsproblemen, berichtet: «Also ich habe heute auf dem Weg von der Schule bis zur Therapie nichts gesehen!» Mein erstauntes «Oh?» führte dann zu folgendem Bericht: «Ja, also, ich hatte die Ohrstöpsel drin und habe Musik gehört. Da konnte ich nichts sehen.» So deutlich wird einem selten vor Augen geführt, dass Multitasking oft nicht funktioniert.

Spiel-Varianten:
Rote, runde oder lebendige Dinge suchen. Oder runde, lebendige Dinge aus Metall, aus Plastik usw.

Weitere Übungen und Trainingsideen sind in Brunsting (2016), Brunsting, Nakamura & Simma (2013) und in Simma (2014) zu finden.

«Wie aufmerksam bin ich im Moment? (0: ‹gar nicht› ... 10 ‹super aufmerksam›)»

Variante 1
Kinder, Jugendliche oder Erwachsene schätzen sich immer wieder kurz ein, schließen die Augen (oder auch nicht) und erspüren einen Augenblick lang (5 Atemzüge, während einer Aufgabe, während einer Stunde), wie aufmerksam sie sind. Sie notieren ihre Einschätzung in ihrem Logbuch und vergleichen sie vielleicht mit früheren Erfahrungen. Auf diese Weise kann die Selbstwahrnehmung gestärkt und die Selbstregulation aufgebaut werden.

Variante 2
Die Kinder überlegen sich mit geschlossenen Augen, wie aufmerksam sie gerade sind oder wie aufmerksam sie eben waren und welche Zahl zwischen 0 und 10 dazu passen würde. Dann strecken sie die entsprechende Anzahl Finger in die Luft, öffnen die Augen und schauen um sich. Die Lehrperson hat innert Sekunden einen guten Überblick über die Aufmerksamkeit in der Klasse. Die meisten Kinder schätzen sich übrigens erstaunlich gut ein oder lernen es schnell, wenn man es öfter tut. Da ein

solches kurzes Spiel nicht mehr als 1 bis 2 Minuten dauert, kann man es ganz einfach immer wieder spielen. Auf diese Weise entwickelt sich die Selbstwahrnehmung ganz einfach.

Variante 3

Ein Blick zurück ist auch eine Variante. Die Kinder überlegen sich: «So **aufmerksam war ich vorhin** bei der Aufgabe X. Bin ich **jetzt** höher oder tiefer?» (Daumen hoch für höher, Daumen gerade für gleich und Daumen runter für weniger hoch.) «Warum könnte es so sein?» (z. B. Müdigkeit, Langeweile, Aufgabe gefällt mir besser als die andere). Aus diesen Überlegungen können wichtige Erfahrungen für Lernen und Leben wachsen: Merke ich, dass ich weniger aufmerksam bin, wenn mich eine Aufgabe langweilt, dann weiß ich, dass ich künftig bei langweiligen Aufgaben besonders gut auf mich und meine Selbstregulation aufpassen muss.

Weitere Varianten: Fit, frisch und munter

Statt zu beobachten, wie aufmerksam man ist, kann man auch beobachten, wie fit, frisch und munter man ist.

«Aufmerksam wie eine Katze auf der Lauer»

Bilder eignen sich sehr gut, um Aufmerksamkeit einzufangen und sich an diese zu erinnern: «So aufmerksam möchte ich sein: Ich möchte so aufmerksam sein wie ein Krokodil am Ufer/ ein Wolf im Wald/ ein Hund vor dem Haus/ eine Katze am Mausloch/ ein Tiger in der Savanne …» Jedes Kind sucht sich ein inneres Bild aus, stellt es sich vor und malt es vielleicht auch. So kann es sich leichter daran erinnern, immer wieder aufmerksam zu sein.

«So entspannt oder angespannt bin ich»: Entspannungstraining nach Jacobson

In einem solchen Entspannungstraining trainieren wir nicht die Entspannung allein, sondern auch die Achtsamkeit, weil man seinen Körper gut beobachtet. Einzelne Muskelpartien werden bewusst angespannt und wieder lockergelassen. Man geht durch den Körper von Kopf bis Fuß, langsam und konzentriert. Man lernt den Unterschied zwischen Anspannung und Entspannung zu spüren und achtet darauf (Gröninger & Stade-Gröninger 1996). Manchen Kinder und Jugendlichen fällt es leichter, Anspannung und Entspannung zu spüren, wenn sie ihre Muskeln einsetzen können.

Selbstregulation des Affekts, der Motivation

Auch auf die Fragen «Wie **gut fühle** ich mich? Wie **motiviert** bin ich jetzt?» können wir wie oben beschrieben Antworten finden und auch so trainieren und reflektieren; die Zehnerskala und auch die Finger sind auch hier ganz einfach und praktisch.

Merken wir, dass unser Affekt nicht zum Plan passt (z. B. weil wir keine Lust haben zu lernen), können wir nach Abhilfe suchen. Innere Dialoge können dabei hilfreich sein:

«Aha, keine Lust zu lernen. Da nehme ich einen Trick aus meiner Trickkiste und mache mit mir eine Belohnung ab: Wenn ich gelernt habe, erlaube ich mir ein Game, einen Schwatz, eine Süßigkeit oder eine coole kurze Pause.»

Die Achtsamkeit hilft meiner Selbstwahrnehmung auf die Sprünge und daraus lässt sich ein Plan und oder eine Belohnung ableiten.

Meine drei Freuden heute

Alle Menschen haben bessere und schlechtere Zeiten: Freude kann helfen, schwierige Zeiten zu überstehen. Sie ist wie eine emotionale Tankstelle. Wenn man emotional nicht so gut drauf ist, denkt man automatisch an alles, was nicht gut ist, während einem viele schöne Dinge einfallen, wenn man gut unterwegs ist. Deshalb lohnt es sich, dafür zu sorgen, dass einem möglichst viele gute Dinge einfallen. Eine Möglichkeit ist es, sich an Dinge zu erinnern, die einen heute gefreut haben und diese aufzuschreiben, damit man sie bei Bedarf wieder hervornehmen kann (Brunsting 2018).

Selbstregulation der Impulse

Manchen Menschen fällt es schwer, ihre Impulse zu steuern. Ausraster, Schlägereien und Schlimmeres können die Folge sein. In heutigen Schulklassen und auf Pausenplätzen lässt sich dies oft beobachten und in den Gefängnissen der Welt sitzen viele Menschen, weil sie ihre Impulse nicht steuern konnten.

Wenn man außer sich ist, ist es schwierig zu denken. Das «Denkhirn» (das «obere Gehirn», der Frontallappen) ist abgeschaltet und das «emotionale Hirn» (das «untere Gehirn», das limbische System) regiert. Die Verbindung zwischen den beiden Hirnteilen ist unterbrochen und ungesteuerte Impulse sind die Folge. Auf einen Reiz folgt sogleich die Reaktion und unsere Unfreiheit ist maximal: «Wir können nicht anders! Punkt.» Bauer (2019) plädiert dafür, immer wieder zu versuchen, zwischen Reiz und Reaktion einen (Zeit-)Raum zu schaffen, der uns erlaubt, uns über eine mögliche Reaktion Gedanken zu machen, d. h. den Autopilot beiseitezulassen. In den letzten Jahren scheinen Schwierigkeiten in Zusammenhang mit dem Autopilot in unserer Gesellschaft zuzunehmen. Über die Gründe wird viel spekuliert. Das hindert uns nicht daran, uns achtsam auf den Weg zu machen. Wir brauchen keine Ursachen zu kennen, um achtsam zu sein.

Die indische Polizeichefin Kiran Bedi baute in Gefängnissen für Schwerverbrecher Achtsamkeitstrainings auf, die sehr erfolgreich waren und in Neuseeland, England und in den USA ebenfalls eingeführt wurden. Insassen, die sich für das Achtsamkeitstraining entschlossen hatten, fühlten sich durch das Training besser und waren deutlich ruhiger. Nicht die Umgebung hatte sich verändert, sondern sie selbst hatten sich geändert und einen anderen Zugang zu sich und ihrem Leben gefunden.

Fußsohlenmeditation (Singh et al. 2007)

Diese Übung hat sich bei verhaltensgestörten, impulsiven Jugendlichen bewährt. Die Instruktion lautet:

«Stelle dich ruhig und aufrecht hin … Atme ganz normal. Du brauchst nichts anderes zu tun, als den Atem fließen zu lassen … Denke zurück an einen Moment, in dem du sehr wütend warst. Bleibe bei deiner Wut … Wütende Gedanken gehen dir durch den Kopf. Lass sie vorüberziehen … Du spürst vielleicht die Wut in deinem Körper. Vielleicht atmest du schnell … Gehe nun mit deiner Aufmerksamkeit zu deinen Fußsohlen … Bewege langsam deine Zehen. Spüre deine Schuhe an den Füssen, die Socken an deinen Füssen … Spüre die Fersen in den Schuhen oder auf dem Boden … Atme ruhig weiter und bleibe mit deiner Aufmerksamkeit bei den Fußsohlen, bis du wieder ruhig bist. Bleibe noch eine Weile bei deinen Fußsohlen … Komm langsam zurück aus deiner Meditation. Sitz für ein paar Momente ruhig da und kehre dann zu deinen Aktivitäten zurück.»

«Ich will nicht ausrasten!»

Siegel und Bryson versinnbildlichen Kindern und Jugendlichen den Aufbau ihres Gehirns mit ihrer Hand (Siegel & Bryson 2013). Eine Anleitung könnte so lauten:

«Hier ist der Hirnstamm (Handgelenk) und darüber das limbische System (Daumenballen). Dieses reagiert heftig, wenn einen jemand ärgert. Wenn man nicht aufpasst, bringt es uns dazu, auszurasten. Wir können uns jedoch schützen. Klappt den Daumen ein und legt die Finger darüber. Die Finger stehen für den Frontallappen. Dieser kann das limbische System schützen. Denkt daran und macht immer erst eine Faust, atmet zehnmal ruhig ein und aus. Dann könnt ihr weitersehen.»

«Der ärgert mich wieder!», klagt Sven. Wie kann er Zeit zwischen seinen Ärger und die Reaktion schieben. Was kann er tun?

- Weggehen: Sven kann auf dem Pausenplatz weggehen, im Schulzimmer ruhig zurück auf seinen Platz gehen, je nach Situation vielleicht auch aufs WC gehen, dort kann er eine Türe zwischen sich und der Welt schließen.
- Nicht hinhören, nicht hinschauen: Er kann bewusst weghören oder wegschauen, kurz die Augen schließen oder «die inneren Ohrenklappen» aufsetzen, sich auf etwas anderes konzentrieren.
- Bis 10 zählen: Sven kann bis 10 zählen, einmal oder zweimal und erst dann reagieren.
- 10 tiefe Atemzüge nehmen, ehe er etwas sagt oder tut.
- Er kann bewusst atmen (d. h. seine Achtsamkeit auf den Atem richten), zehnmal oder auch mehr und erst dann reagieren.
- Eine stille Minute machen.
- Die Sohlen auf dem Boden spüren (Achtsamkeitsübung; s. o.).
- Das Jacobson-Entspannungstraining anwenden (s. o.).
- Ums Haus rennen: Kraft brauchen, aber nicht zuschlagen.

Wenn wir mit Menschen arbeiten, stellen wir oft fest, dass solche Probleme nicht selten sind, dass es jedoch sehr schwierig ist, mit solchen impulsiven Emotionen achtsam umzugehen. Deshalb lohnt es sich immer wieder an folgendes zu denken: Der kleinste Erfolg ist ein Erfolg. Wer sich über Erfolge freut, hat die besseren Chancen, wieder einmal erfolgreich zu sein, als derjenige, der sich über den Misserfolg ärgert.

Selbstregulation beim Anfangen und beim Beenden

Seine Selbstregulation zu mobilisieren, um mit einer Arbeit anzufangen oder um sie gut zu Ende zu bringen, ist immer wieder ein wichtiges Thema – nicht nur in der Schule. Die Achtsamkeit kann auch an diesen Punkten hilfreich sein, weil sie die Selbstwahrnehmung stärkt und uns hilft, zu realisieren, wann Handlungsbedarf besteht.

Eine analoge Wanduhr könnte in der Schule eine gute Hilfestellung sein, da man hier den Verlauf der Zeit sieht. Auch eine Armbanduhr kann gute Dienste leisten. Das heute von vielen Menschen favorisierte Handy hat zwar eine Uhr, die helfen könnte. Aber erstens ist diese digital und damit weniger augenfällig und zweitens kann ein solches Gerät leider viel zu viel und ist eine eigentliche Ablenkungsfalle.

Dialoge mit Fragen wie «Wie weit wirst du (bzw. werde ich) in einer/drei/fünf Minuten wohl sein?» motivieren, sich das genau zu überlegen und darauf zu achten. Man kann mit Lernenden auch Wetten abschließen: «Ich denke, du wirst ungefähr da sein. Was denkst du?» – Wetten können sehr stark aktivieren.

Monologe zur Motivierung wie: «Leg los, Anna!» oder «Jetzt lege ich los!» können ein guter Impuls sein. Eine analoge Aufforderung an sich selbst für das Beenden einer Aufgabe könnte sein: «Gleich bin ich fertig/bist du fertig, Anna!» und am Ende natürlich: «Bravo, Anna. Gut gemacht!» Wer das noch nicht selber beherrscht, hat hoffentlich eine Lehrperson oder Eltern, die bei Bedarf einen solchen Monolog initiieren.

Achtsamkeit und die psychoneuronalen Grundsysteme (Roth & Stüber)

Denken wir jetzt die sechs Systeme vor dem Hintergrund der Achtsamkeit kurz durch und schauen, welche Rolle sie in den verschiedenen Systemen spielen.

Das Stressverarbeitungssystem: Das Achtsamkeitstraining hilft, Stress zu überwinden oder gar nicht aufkommen zu lassen.

Das interne Beruhigungssystem: Zu erfahren, dass man sich mit einem Achtsamkeitstraining selbst beruhigen kann, stärkt das interne Beruhigungssystem.

Das Belohnungs- und das Belohnungserwartungssystem: Im Achtsamkeitstraining kann man erfahren, dass man sich wohlfühlt (was wie eine Belohnung wirkt). Dies hilft, Belohnungserwartungen aufzubauen und erhöht die Wahrscheinlichkeit einer Wiederholung – vielleicht bald ja auch aus eigener Initiative.

Das Impulskontrollsystem: Zu erleben und zu erfahren, dass Impulse wieder vorbeigehen können, dass sie wie Wolken am Himmel vorüberziehen und wieder verschwinden, ohne dass man ihnen nachgeben musste, ist für die meisten Menschen interessant und beruhigend. Es braucht allerdings viel Zeit und Raum, um das Impulskontrollsystem zu stärken.

Das Bindungssystem: Man kann in der Gruppe oder Klasse erfahren, dass man nicht allein ist, selbst wenn man die Achtsamkeitsübung eigentlich für sich allein macht. Man kann erfahren, wie andere es erleben und was es mit einer ganzen Klasse macht. Dies in der Gruppe zu tun, stärkt das Bindungssystem.

Realitäts- und Risikobewertungssystem: Zu erfahren, wie ein Achtsamkeitstraining funktioniert und zu lernen, wie man es selber machen kann, hilft uns dabei, es in das eigene Realitätssystem zu integrieren. Das Risikobewertungssystem lernt, dass manche Risiken vermindert werden können durch eine kleine Auszeit wie etwa eine Achtsamkeitsübung.

Beispiele aus der Schulpraxis

Experiment 1: «Am nächsten Dienstag reden wir nicht» – Ein Schultag im Schweigen, und was daraus werden kann

Eine Lehrerin berichtet: «Als ich 25 Jahre alt war, sollte ich während mehrerer Monate aus gesundheitlichen Gründen so wenig wie möglich sprechen. Ich erlebte, wie sich dadurch die Kommunikation verändert und erlebte auch manche Überraschung. So kam ich auf die Idee, einen Schultag im Schweigen zu gestalten. Mit einem Brief informierte ich die Eltern über diesen Plan und sie zeigten sich einverstanden.

Der Tag war da, die Kinder kamen ins Schulzimmer und setzten sich ruhig an ihre Plätze. Wir begrüßten uns ohne Worte, aber mit einem achtsamen Händedruck.

Es war Advent und das ganze Schulhaus versammelte sich in der Aula, wo eine kleine Feier stattfinden sollte. Unsere Klasse hatte den Auftrag, zu musizieren. Die Klasse war sehr ruhig, obschon sich 140 Kinder in der Aula aufhielten. Die Kinder spielten ihre Musik hoch konzentriert und ruhig. Die Ruhe breitete sich aus und schließlich war es in der ganzen Aula so ruhig, dass man eine Stecknadel auf den Boden hätte fallen hören. Wir Lehrpersonen und die 140 Kinder waren berührt und beeindruckt von der Stille und von der Ruhe, die sie in uns allen auslöste.

Anschließend ging der Unterricht im Klassenzimmer weiter. Aufgaben wurden wortlos erläutert und im Schweigen gelöst. Das Schweigen brachte auch im Klassenzimmer eine fast feierliche Ruhe.

Am Mittag gingen die Kinder wie immer nach Hause. Verschiedene Eltern berichteten anschließend, ihr Kind sei an diesem Tag sehr ruhig angekommen und das Mittagessen sei viel friedlicher, freundlicher und ruhiger vonstattengegangen als normalerweise. Die Eltern waren begeistert.

Am nächsten Tag kamen einige Kinder und wünschten sich wieder einmal einen solchen Tag. Sie hatten selber erlebt und erfahren, dass die durch das Schweigen entstehende Ruhe sehr wohl tut.

Fazit: Wir alle, meine Lehrerkolleginnen, die Eltern, Kinder und ich selbst waren begeistert darüber, mit wie wenig Aufwand welch gute Erfahrungen möglich wurden.»

Wer will, kann mit Kindern eine Auswertung im Lerntagebuch machen und sie für sich notieren lassen, wie sie das Schweigen erlebt hatten. Was man aufgeschrieben hat, hat meist größere Chancen, einem später wieder einmal einzufallen. Natürlich kann man auch bei Fachlehrpersonen einmal im Schweigen arbeiten (z. B. Handarbeit, Heilpädagogin). Wer weiß, vielleicht ergreift man einmal an einem Schulfrühstück oder am Elternmorgen die Gelegenheit zum Essen im Schweigen. Das würde Eltern gewiss auch beeindrucken.

Experiment 2: Schweigend arbeiten und erklären

Eine andere Lehrperson erzählt: «Meine Schüler der ersten Klasse sollen 10 Minuten im Schweigen arbeiten. Wir machen das immer wieder und es funktioniert sehr gut. Wir haben auch schon versucht, einander etwas ohne Worte zu erklären. Das war eine schöne Herausforderung!»

Experiment 3: Nebengeschichten tabu!

Dieses Experiment findet recht häufig in meinen Therapie- und Förderstunden statt. Ich habe sehr viele Kinder, die pausenlos vor sich hinplappern. Dabei verpassen sie die Instruktionen, weil sie gar nicht zuhören. Was sie erzählen, ist oft auch für sie gar nicht wichtig. Sie reden einfach, sie reden anstatt zu denken, das Reden ist für sie ein Zeitfüller und kein bewusster oder wichtiger Akt.

In solchen Fällen machen wir oft ab, dass nur Äußerungen, die mit der Arbeit zu tun haben, gemacht werden sollen. Nebengeschichten sind tabu. Wer das z. B. drei Minuten lang schafft, bekommt einen Chip oder man muss für jede Nebengeschichte einen Chip abgeben. Wenn man mit 10 Chips beginnt, ist man manchmal bald fertig. Es erstaunt immer wieder, wie gut auch «Plapperkinder» diese Regel einhalten können und wie sehr dies den Prozess fokussiert, beruhigt und voranbringt.

Immer aber machen wir vorher unsere stille Minute, die jeweils ganz unterschiedlich lange dauern kann.

Experiment 4: Mucksmäuschenstillarbeit & Co.

Eine Kursteilnehmerin hat die «Mucksmäuschenstillarbeit» erfunden als Quelle für ruhiges und aufmerksames Arbeiten und schätzt sie sehr. Die Kinder lieben das Wort und wünschen sich immer wieder solche Phasen. Hier wird nicht nur still, sondern mucksmäuschenstill gearbeitet und das scheint den Kindern viel Freude zu machen. Diese Klassenlehrerin setzt diese Regel bei Bedarf ein. Das ist einfach, schnell realisiert – es muss einem nur in den Sinn kommen.

Stillarbeit ist in der Pädagogik und Sonderpädagogik seit Jahrzehnten eine bekannte Arbeitsform. Heute trifft man sie allerdings nicht mehr so häufig an in Klassenzimmern, denn in der modernen Pädagogik spielt sie eine untergeordnete Rolle. Offene Unterrichtssequenzen, entdeckendes Lernen und Gruppenarbeiten beanspruchen viel Raum. Das stille Üben ist in den Hintergrund gerückt. Dadurch sind ruhige und stille Sequenzen rar geworden.

Dafür ist es laut geworden – in Klassenzimmern, zu Hause (wo mancherorts der Fernseher ganztags läuft), auf der Straße (wo viele Motoren deutlich leiser sind als die Musik, die in den vorbeifahrenden Autos gehört wird) oder in Tram, Bus, Zug und auf dem Trottoir (wo Menschen mit zugestöpselten Ohren an ihr Ziel eilen und den äußeren Lärm durch Musik oder Hörbücher übertönen).

Klatte, Bergström & Lachmann (2013) zeigen, dass akuter und chronischer Lärm die Konzentration und das Lernen empfindlich stören. Sprachwahrnehmung und Hörverständnis leiden in einem lärmigen Umfeld bei allen Kindern. Kinder mit Sprach- oder Aufmerksamkeitsproblemen oder Zweitsprach-Lernende zeigen unter Lärm empfindliche Lerneinbussen und zwar nicht nur bei sprachlichen Aufgaben. Auch die Speicherung visueller Reize oder das Lesen leidet erstaunlicherweise darunter.

Viele Kinder mit Konzentrationsproblemen beklagen sich über laute Klassenzimmer, die sie immer wieder ablenken. Burnout-gefährdete Lehrpersonen leiden unter einem zu hohen Geräuschpegel, der durch Unterrichtsformen (z. B. Gruppenarbeiten) sowie durch Schulzimmer mit ungünstigen akustischen Verhältnissen oder durch lärmbelastete Standorte (Straßen, Flughafen) ausgelöst wird.

Stille scheint für das Lernen und die Gesundheit besser zu sein als Lärm. Es gibt also, auch wenn wir keine Achtsamkeitsübungen machen wollen, immer noch genügend Gründe, still zu werden oder still zu sein.

Für lärmgeplagte Schüler wird oft das Arbeiten in einem ruhigen Gruppenzimmer oder mit Kopfhörer empfohlen. Auch klassische Musik (am besten scheint Musik aus dem Barock zu funktionieren) kann helfen. Vor allem Kinder reagieren darauf sehr gut. Bei Erwachsenen gibt es nach Jäncke (2008) keine messbaren Effekte.

In Kursen beobachte ich häufig, dass die Teilnehmenden ruhig werden, sobald Musik erklingt. Sie kommen aus einer angeregten Pause zurück und werden nach den ersten Takten gleich still und konzentriert. Kurze Musikphasen wirken bei Kindern und Erwachsenen auch stimmungsaufhellend (Jäncke 2008).

Musik mit gesprochener Sprache zu kombinieren empfiehlt sich allerdings nicht, weil die akustische Herausforderung zu groß ist. Ein positiver Effekt der in den 1980er-Jahren hochgelobten Suggestopädie, die genau dies tat, konnte nach Jäncke (2008) wissenschaftlich nicht nachgewiesen werden.

Da Kinder und Lehrpersonen häufig unter einem hohen Geräuschpegel leiden, scheint die Idee, neben stillen Minuten auch Stillarbeit anzubieten, sinnvoll und erfolgversprechend.

«Heute werden wir einmal eine Weile ganz still arbeiten» oder als Steigerung: «Heute werden wir eine halbe Stunde mucksmäuschenstill arbeiten» sind Ankündigungen, die von Kindern gerne akzeptiert und auch eingehalten werden.

Experiment 5: Die Eltern an Bord nehmen

Unsere Bemühungen können von den Eltern unterstützt werden. Versuchen wir also, sie an Bord zu holen und mit ihnen als Verbündete loszusegeln. Wenn wir ihnen an einem Elternabend erläutern, wie wichtig die Selbstregulation ist und dass einer der vielen Wege hin zu ihr über Achtsamkeit führt, können wir die einen oder anderen Eltern für unser Vorhaben gewinnen. Wer nicht mitmachen will (das müssen wir selbstverständlich respektieren), lässt es bleiben. Da werden die achtsamen Momente, die ihre Kinder bei uns erleben, die einzigen sein und wir können hoffen, dass sie einer Impfung gleich in den Kindern wirksam werden.

Merkblatt für Eltern

1. Achtsamkeit ist eine besondere Art der Aufmerksamkeit.
2. Aufmerksamkeit bedeutet, bei dem zu sein, was man tut, und bei nichts anderem. Man kann achtsam Zähne putzen, achtsam, duschen, achtsam essen, achtsam sprechen und achtsam gehen. Man kann auch achtsam lernen und Hausaufgaben machen. Man kann alles achtsam machen.
3. Achtsamkeit ist einfach zu lernen.
4. Achtsamkeit hat nichts mit Religion zu tun.
5. Jeder Mensch kann von Achtsamkeit profitieren.

Aus Brunsting, Nakamura & Simma (2013, S. 172), leicht modifiziert.

Joachim Bauer, einer der renommiertesten Neurowissenschaftler, Forscher und Psychiater, der sich sehr stark mit Schule befasst und mit dem Buch «Lob der Schule» 2007 einen Bestseller verfasst hat, der in der Wohnung jeder Lehrperson liegen sollte, hat vor Kurzem ein Buch zur Selbstregulation verfasst (2015, Zitate aus 2. Auflage 2018). Sein Referat dazu in Zürich (11.1.19) beschloss er mit Take-home-Messages, die vor allem die Achtsamkeit betrafen. Wir können sie mit unseren Interventionen ganz einfach umsetzen: Wir schalten einen Raum zwischen Reiz und Reaktion und reagieren nicht im Autopilot (also nicht vollautomatisch und ohne nachzudenken), sondern achtsam. Wir bauen kurze Momente des Innehaltens und der Besinnung in unseren Alltag ein. Wir reduzieren den Druck, der durch Hetze und ständige Reize auf uns ausgeübt wird. Wir bleiben bei uns. Wir beachten die Macht des Wortes und sprechen achtsam (nicht immer – aber oft).

Zusammenfassung

- Stille Minuten können unterschiedlich lang dauern.
- Wir können sie auf verschiedene Art und Weise gestalten.
- Im Schweigen zu essen bringt Ruhe.
- Einen Auftrag still zu bearbeiten oder während einer bestimmten Zeitspanne still zu arbeiten, kann sehr wohltuend sein. Wir können aber auch still malen, zeichnen, werken, aber auch rechnen, lesen, schreiben.
- Anweisungen sollten wir generell und immer wieder leise, mit wenig Worten und vielen Pausen zwischen den Wörtern geben. Das fokussiert die Aufmerksamkeit.
- Kleinere oder größere Ruheinseln können helfen, mit dem Lernen, Denken und Leben besser klarzukommen.
- Es lohnt sich, Lernende immer wieder erfahren zu lassen, wie gut es funktioniert, wenn man still wird und wie einfach dann die Selbstregulation wird.
- Achtsamkeit ist einfach – es ist nur schwierig, immer wieder daran zu denken.

5 Geschichten, Fantasiereisen und innere Bilder

Die folgenden Überlegungen des deutschen Neurowissenschaftlers Martin Korte sollen zeigen, wie man mit Geschichten Kultur erlernen, aber auch die Selbstregulation trainieren kann: «Kultur wird für andere und auch für uns immer nur erlebbar, wenn man eine gute Geschichte erzählen kann – und jede Kultur hat ihren eigenen Erinnerungsschatz an Geschichten. Spannend in diesem Kontext ist die Tatsache, dass unsere Gehirne sogar ganz besonders stark auf Erzählungen ansprechen: kulturunabhängig werden beim Zuhören nicht nur Sprachareale der linken Grosshirnhemisphäre aktiviert, sondern auch große Teile der rechten Großhirnhälfte – man kann sagen, dass kaum eine menschliche Tätigkeit das Gehirn so stark aktiviert wie das Geschichtenerzählen. Wie ein großer Resonanzraum saugt unser Gehirn Geschichten und sprachbildliche Beispiele auf, so als wäre Sprache vor allem dazu erfunden worden, um zu erzählen oder Geschichten zu verstehen» (Korte 2017, S. 307). Geschichten aktivieren also weite Bereiche des Gehirns, und zwar beide Hemisphären, und von den tiefsten Schichten bis hin zu den obersten.

Geschichten, Fantasiereisen und innere Bilder gehören zu den ältesten Mitteln, mit denen Kultur, Wissen und Erfahrung von Generation zu Generation weitergegeben werden. Interessanterweise fanden sie auch schon vor vielen Jahren den Weg in die Psychotherapie und Pädagogik. Somit gehören sie auch zu den ältesten therapeutischen und pädagogischen Techniken. Geschichten lassen uns eintauchen in eine andere Welt, in diesem Fall in die Welt der Selbstregulation. Hören oder lesen wir sie, verarbeiten wir sie zunächst unbewusst (im «unteren Stockwerk»). Erst wenn wir uns ihr mit Fragen und anderen Denkanstößen nähern, bearbeiten wir sie auch auf der bewussten Ebene («oberes Stockwerk»). Mit Gesprächen können wir uns so lange wir wollen im Thema aufhalten und es damit auch im Bewusstsein verankern.

Geschichten finden

Geschichten lassen sich überall finden. Haben wir die Selbstregulation im Fokus, wählen wir eine passende Geschichte aus. Märchen aus aller Herren Länder, moderne Fantasy-Geschichten oder auch uralte Geschichten östlicher Meister (Zen-Geschichten) können dazu genutzt werden. In Brunsting (2018) sind Geschichten zu verschiedenen Themen zu finden, die ebenfalls dem Aufbau der Selbstregulation dienen können.

Hier zwei besonders geeignete Geschichten:

1. Geschichte: Der gute und der böse Wolf

Der Indianerhäuptling Großer Adler saß mit seinem Enkel Kleiner Adler am knisternden Lagerfeuer. Sie hatten einen spannenden Tag hinter sich. Sie waren auf der Jagd gewesen und Kleiner Adler darf beim Jagen schon mithelfen. Er mag das sehr. Nun saßen sie müde und zufrieden am warmen Feuer.

«Weißt du, mein Enkel: Im Leben ist es oft so, als würden zwei Kräfte in einem drinnen miteinander ringen. Ich habe manchmal das Gefühl, als würden zwei Wölfe in mir miteinander ringen: ein guter und ein böser Wolf.»

«Oh, das ist ja schlimm!», rief der Enkel entsetzt aus. «Worum ringen sie denn, diese beiden Wölfe?»

«Der Gute ringt darum, dass ich sanft, verständnisvoll und gut zu anderen Menschen bin. Der Böse kämpft dafür, dass ich es denen, die mich ärgern, mal so richtig zeige! Beide sind fast gleich stark.»

«Das fühlt sich bei mir manchmal auch gerade so an», räumte Kleiner Adler ein. «Welcher der Wölfe gewinnt denn bei dir?»

«Immer der, den ich gerade füttere», antwortete Großer Adler und schaute weiter den Flammen zu, die knisternd das Holz verbrannten und dabei Wärme und Licht ausstrahlten. «Füttere ich den bösen Wolf, dann wird er stark und immer stärker. Füttere ich den guten Wolf, dann wird dieser stark. Also passe gut auf, welchen Wolf du fütterst», sprach er zum Kleinen Adler und legte ihm den Arm auf die Schulter. Gemeinsam schauten sie den Flammen zu und dachten noch eine ganze Weile an die beiden Wölfe.

Fragen zur Geschichte vom guten und vom bösen Wolf

Hattest du auch schon das Gefühl, du hättest «zwei Wölfe» (oder Stimmen) in dir? Und einer wollte etwas Gutes und der andere etwas Böses?	
Wie kann man solche Wölfe füttern?	

Wie geht das wohl?	
Haben wohl alle Menschen zwei solche Wölfe in sich?	
Gibt es Menschen, die nur einen guten Wolf in sich haben? Kennst du jemanden, bei dem es so ist?	
Gibt es Menschen, die nur einen bösen Wolf in sich haben? Kennst du jemanden, bei dem es so ist?	

2. Geschichte: Marshmallows

Vor vielen, vielen Jahren wurden Kinder aus einem Kindergarten eingeladen, in ein Testlabor zu kommen. Dort konnten sie sich ein oder zwei Marshmallows verdienen. Sie mochten sehr gerne Marshmallows.

Sie setzten sich in dem Labor an einen Tisch, auf dem ein Marshmallow lag. Dieses durften sie entweder sogleich essen oder damit warten, bis die Testleiterin zurückkam: Dann würden sie auch noch ein zweites Marshmallow bekommen.

Einige aßen das Marshmallow gleich auf, andere warteten eine Weile. Wieder andere warteten, bis die Versuchsleiterin zurückkam, und sie erhielten so das versprochene zweite Marshmallow.

Viele Jahre später besuchten die Forscher die Kinder wieder: Sie waren inzwischen etwa dreißig Jahre alt. Was war aus ihnen geworden? Die Menschen, die als Vierjährige warten konnten, hatten mit dreißig Jahren einen besseren Beruf, bessere Freunde und ein besseres Leben. Sie waren gesünder und hatten auch mehr Geld. Warum das? Ganz genau weiß man das noch nicht. Aber wenn man auf etwas warten kann und nicht immer gleich das tut, was man am liebsten tun würde, hat man offensichtlich gute Karten für ein gutes Leben.

Möchtest du kurze Filme sehen, in denen Kindergartenkinder den Marshmallow-Test machen, dann findest du solche auf YouTube. Gib einfach «Marshmallow-Test» ein und schau den Kindern zu. Da gibt es viel zu beobachten und zu schmunzeln.

Fragen zur Geschichte «Marshmallows»

Hättest du wohl zu den Kindern gehört, die lange warten konnten oder zu den anderen?	
Warum?	
Warum haben die Kinder, die länger warten konnten, als Erwachsene ein besseres Leben?	
Kann man Warten trainieren?	
Worauf könntest du zu warten lernen?	
Hast du auch schon gedacht, es wäre gut, wenn du besser warten könntest? Wann war das und warum?	

Die Marshmallows-Experimente von Mischel sind in den letzten Jahren übrigens in die Kritik geraten. Es scheint so zu sein, dass das Vertrauen in andere Menschen eine Voraussetzung dafür ist, dass Kinder warten können. Wer misstrauisch ist, denkt: «Ich esse das Marshmallow hier mal, denn dann weiß ich, was ich habe!» Die Kinder in Mischels Untersuchungen hatten dieses Vertrauen in andere Menschen noch. Sie waren als Kinder gebildeter Eltern in dieser Hinsicht privilegiert.

Geschichten (er-)finden

Lehrpersonen, Eltern und Kinder können Geschichten erfinden zur Entwicklung der Selbstregulation und selbstverständlich auch zu anderen Themen.

Das Thema Geschichten in Schule, Familie und im Leben hat auch eine wichtige Wurzel in der Psychotherapie. Da die moderne Hypnotherapie nach Erickson sehr viel mit Geschichten arbeitet, kann man dort auch viele Ideen finden, die sich in Schule oder Familie anwenden lassen (Holtz et al. 2007, Signer-Fischer 2007, 2009).

Über hypnotherapeutische Elemente und Selbsthypnose, Helferfiguren und Ritterrüstungen

Hypnotherapeutische Schritte können bei Menschen jeden Alters ein guter Weg sein. Der Einbezug des Unbewussten, der bei solchen Maßnahmen erfolgt, kann die Wirksamkeit der Geschichten verstärken. Das Bildhafte der Geschichte hilft, die Botschaft und den Abruf der Strategie zu sichern.

Sven verliert leicht die Selbstkontrolle und rastet immer wieder aus. Wir könnten ihm Schutz durch einen Schildkrötenpanzer oder eine Ritterrüstung vorschlagen.

Anna lässt sich immer wieder ablenken – wir könnten ihr durch eine für sie erfundene Geschichte über einen starken Drachen helfen. («Der Drache beschützt mich, wenn mich etwas ablenken will. Er schnaubt alle Ablenkungen weg.») – Aber auch der Berg, dem wir im Kapitel über Achtsamkeit bereits begegnet sind, kann eine gute Hilfe für sie sein: «Ich bin fest wie ein Berg. Niemand und nichts kann mich ablenken.»

Ben bringt es oft nicht fertig, eine Arbeit anzufangen. Wir erfinden für ihn eine Geschichte mit einem Rennwagen. Er könnte zu denken lernen: «Ich löse jetzt die Bremsen meines coolen Rennwagens und brause los. Jetzt leg ich los!»

Andi, der mit seinen Aufgaben selten so richtig fertig wird, könnte denken: «Ich habe genug Benzin dabei und muss überhaupt nicht anhalten zum Tanken. So komme ich viel schneller ans Ziel.»

Wenn Geschichten im psychotherapeutischen Kontext auch viel komplexer sind als diejenigen, die wir in unserem Zusammenhang brauchen, kann man von der Hypnotherapie doch sehr viel lernen.

Da Geschichten sich nie nur auf der bewussten Ebene abspielen (also nach Roth & Stüber im Realitäts- und Risikobewertungssystem), üben sie eine große Kraft auf uns aus. Bewusst werden sie höchstens beim Formulieren. Die zentralen Inhalte steigen aus dem Unbewussten auf und die Kräfte wirken entsprechend von unten nach oben (von unbewusst zu bewusst), eine Richtung, die nach Roth & Stüber ohnehin viel stärker ist als die umgekehrte von bewusst zu unbewusst.

Hier nun eine einfache Anleitung, mit der schon jüngere Kinder eine Geschichte erfinden können. Sie stammt von Richard Gardner (1974):

«Denke dir eine Geschichte aus!

1. In dieser Geschichte sollen mindestens ein Mädchen und ein Junge in etwa deinem Alter vorkommen. Es können noch andere Personen oder auch Tiere vorkommen. Die Hauptfigur soll eine schwierige Aufgabe haben, die ihr eigentlich keine Freude macht, die sie aber einfach machen muss.
2. Die Geschichte soll nicht von Dingen handeln, die im Kino oder im Fernsehen vorkommen.
3. Die Geschichte soll einen Anfang, eine Mitte und ein Ende haben.
4. Die Geschichte soll eine Botschaft enthalten: Sie soll erzählen, was man daraus lernen kann.» (Gardner, zitiert nach Mills & Crowley 1996, S. 63)

Joyce Mills und Richard Crowley stellen mit ihrem Buch «Therapeutische Metaphern für Kinder» (1996) Theorie und Praxis der Arbeit mit solchen Geschichten vor. Sie haben diesen Ansatz jahrzehntelang verfolgt und wertvolle Tipps zum Erfinden von Geschichten entwickelt.

Die nächste Anleitung stammt von Mills & Crowley selber (1996, S. 89) und ist erheblich anspruchsvoller. Sie stellt aber eine ausgezeichnete Hilfestellung dar, wenn wir eine Geschichte für ein bestimmtes Ziel erfinden wollen.

Theorie, Anleitung	**Geschichte, Text**
Ein Konflikt des Protagonisten wird vorgestellt.	*Anna kommt von der Schule nach Hause, wirft die Schultasche in eine Ecke und wirft sich aufs Bett, wo das Handy schon auf sie wartet.*
Unbewusste Prozesse werden in Helden oder Helfern (Ressourcen der Hauptperson) und in Hindernissen oder Bösewichtern personifiziert (Ängste, negative Überzeugungen der Hauptperson)	*«Oh, jetzt ein wenig chatten, nur ein wenig!» Foxy, ihr kleiner Hund, schleicht sich ins Zimmer, springt aufs Bett und schaut sie ganz fest an, als wollte er sagen: «Du weißt, dass du erst die Arbeit machen solltest.» – «Oh, nein!», seufzt Anna und ihr Blick geht zurück zum Bildschirm ihres Smartphones. «Bling!», meldet sich eine neue Nachricht, «bling, bling» melden sich die nächsten. Fasziniert starrt sie auf den Bildschirm und liest, was Vera ihr schreibt. «Ich habe jetzt wirklich keine Lust zum Arbeiten, ich schaffe das heute ohnehin nie. Ich bin einfach zu gestresst!», denkt Anna und wendet sich wieder dem Smartphone zu.*
Parallele Situation, in der die Hauptperson erfolgreich ist	*Letzten Mittwoch hatte Anna einen besonders schönen Tag. Sie hatte damals auch keine besondere Lust zu arbeiten. Sie dachte: «Also anfangen kann ich ja mal!», und sie fing einfach an. Sie war schneller fertig, als sie es erwartet hatte und war überglücklich darüber. Sie rief Vera an und die beiden machten einen kurzen Spaziergang mit Foxy. Anna war total zufrieden und glücklich. Foxy lief begeistert jedem Stöckchen nach, das Vera und Anna warfen. Er schien genauso glücklich zu sein wie die beiden Mädchen.*
Eine Krise wird eingeführt, in der die Hauptperson das Problem überwindet oder in der das Problem gelöst wird.	*Aber dieser Mittwoch ist eben ein total anderer Tag und Anna hat überhaupt keine Lust, mit dem Chatten aufzuhören. Draußen wird es schon langsam dunkel und sie ist immer noch am Handy. Eine SMS der Mutter, die sie bittet, noch Joghurt und Brot fürs Abendessen einzukaufen, schreckt sie auf. «Autsch! Jetzt geht's los!», murmelt Anna, schaltet das Handy aus und legt es ins «Handyhotel» in der Küche.*
Identifikation mit der Hauptperson als Ergebnis einer «heldenhaften» und erfolgreichen Reise	*Sie packt ihre Schulsachen aus, fängt mit dem Wichtigsten an und klopft sich innerlich auf die Schulter: «Anna, du schaffst das!». Schneller als sie dachte ist sie fertig und schafft auch noch das Einkaufen.*

Theorie, Anleitung	Geschichte, Text
Eine Feier würdigt den besonderen Wert des Protagonisten.	*Das Abendessen steht auf dem Tisch. Anna hat es sorgfältig vorbereitet und den Tisch hübsch gedeckt. Alle sind da und genießen das feine Abendessen. Die Mutter meint: «Anna hat das Abendessen toll vorbereitet. Dabei hatte sie doch viel für die Schule zu tun. Anna macht es wirklich gut. Ein Glück, dass wir Anna haben!»*

Auch mit Gamen, Radfahren oder beliebigen anderen Alltagsaktivitäten können Geschichten funktionieren.

Geschichten werden erzählt, gehört oder selber gelesen und bei Bedarf angepasst. Wenn wir damit die Selbstregulation trainieren wollen, werden wir mit den Kindern oder Jugendlichen die Situation genauer anschauen. In einem solchen Prozess machen sie sich bewusst Gedanken zur Selbstregulation und suchen Figuren und Situationen, die dies gut verdeutlichen. Dies stärkt die Entwicklung der Selbstregulation und offenbart mögliche Bewältigungsformen. Die Geschichten können ausgewertet werden. Sie wirken auch so, einfach dadurch, dass sie uns berühren. Allerdings: wenn wir sie uns bewusst machen wollen, sollten wir sie sprachlich auswerten.

Fantasiereisen, kreative Imaginationen

Fantasiereisen gehören schon lange in den pädagogischen und sonderpädagogischen Werkzeugkasten. Klaus Vopel schreibt seit den 1970er-Jahren zu diesen Themen und hat unzählige Bücher mit wunderschönen Geschichten und Anleitungen verfasst (z. B. 2009 und 2010).

Wurden Fantasiereisen früher vorwiegend zur Entspannung verwendet, hat man in den letzten Jahren realisiert, dass sie auch für andere Ziele eingesetzt werden können. Mit solchen Geschichten kann man eigentlich an jedem pädagogischen und sonderpädagogischen Ziel arbeiten: Man kann üben, sich selbst gut zu regulieren, mutig zu sein, nicht aufzugeben usw. Auch Fantasiereisen kann man in der Literatur finden oder die Kinder und Jugendlichen selber erfinden lassen.

Innere Bilder

Innere Bilder entstehen durch Geschichten und Fantasiereisen, aber natürlich auch durch eigene innere Aktivität. Die Bergmeditation (vgl. Kapitel zur Achtsamkeit) kann sehr gut helfen, Selbstregulation zu trainieren.

Die Grundsysteme der Selbstregulation werden durch Geschichten stimuliert:
Das Stressverarbeitungssystem wird aktiviert durch den Aufbau der Geschichte: «Oh, das ist ja spannend. Wie mag es wohl weitergehen?»
Das Selbstberuhigungssystem kommt zum Einsatz, um die Spannung in Grenzen zu halten: «Ich denke, es kommt gut. Es ist ja nur eine Geschichte und die gehen meistens gut aus!»
Das interne Bewertungs- und Belohnungssystem: «Aha, wenn man sich Mühe gibt, gibt es eine Belohnung. Also kann ich auch heute eine Belohnung erwarten, wenn ich mich anstrenge.»
Das Impulskontrollsystem war auch in der Geschichte mit Anna aktiv. Ihr «Autsch, jetzt leg ich los!» ist der Impuls, der ihr hilft, das Chatten unter Kontrolle zu bringen.
Das Bindungssystem spielt mit, weil Anna etwas für die Familie tun soll und dies sehr sorgfältig und schön macht. Die Familie ist zufrieden und Anna auch.
Das Realitäts- und Risikobewertungssystem kommt in der Anleitung von Mills & Crowley nicht zum Zug, kann aber angefügt werden. Anna würde dann vielleicht denken: «Ich glaube, es ist eine gute Idee, Aufgaben anzupacken, auch wenn man gerade keine Lust hat. Nachher kann man stolz auf sich sein, zufrieden mit sich selbst sein und die anderen sind auch zufrieden.»

Zusammenfassung

- Geschichten funktionieren mit Menschen in jedem Alter.
- Geschichten zum Thema Selbstregulation kann man an vielen Orten finden. Märchen, Sagen und Geschichten aus aller Welt sind reiche Quellen.
- Man kann sie aber auch selber erfinden.
- Geschichten kann man erzählt bekommen, hören oder selber lesen. Man kann mit ihnen weiterarbeiten, Fragen beantworten und eigene Gedanken dazu entwickeln.
- So wie es heute im Internet Filter gibt, die Kinder und Jugendliche vor schädlichen Inhalten schützen, kann man auch fürs Geschichtenerfinden Filter einbauen. Tabu sind Krieg, Gewalt, Sex und Wörter, die man in der Schule oder zu Hause nicht sagen darf. Diesen sollten wir auch in Geschichten keinen Platz einräumen.
- Von Geschichten mit Tieren als Protagonisten wird oft leichter gelernt als von Geschichten mit Menschen. Auch Fabeln in Anlehnung an La Fontaine oder Geschichten aus fernen Ländern (z. B. Indianergeschichten) können für Jugendliche oder Erwachsene sehr hilfreich sein.
- Geschichten mit der eigenen Person als Hauptperson können funktionieren, müssen es aber gar nicht unbedingt. Eine Hauptperson in etwa dem

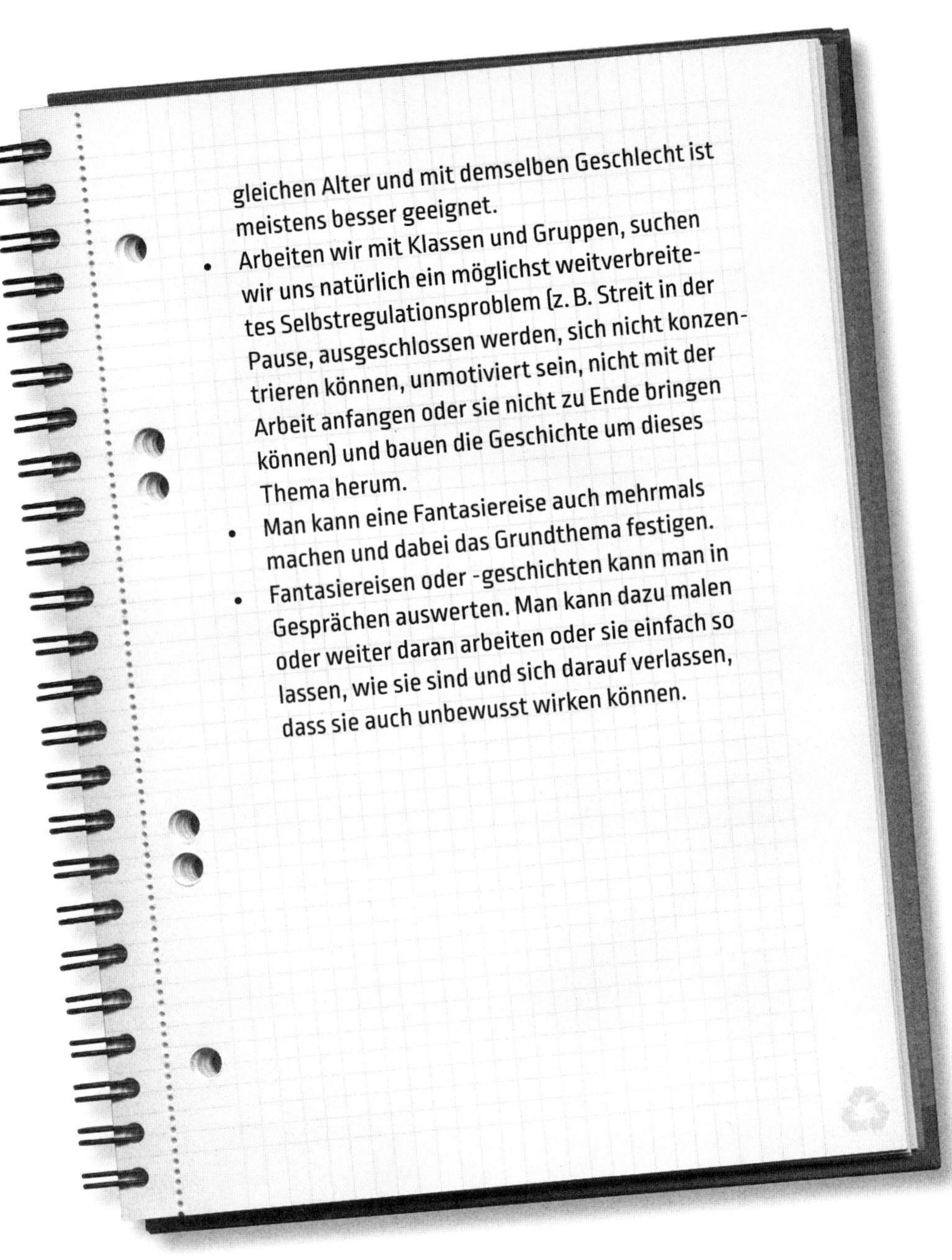

gleichen Alter und mit demselben Geschlecht ist meistens besser geeignet.

- Arbeiten wir mit Klassen und Gruppen, suchen wir uns natürlich ein möglichst weitverbreitetes Selbstregulationsproblem (z. B. Streit in der Pause, ausgeschlossen werden, sich nicht konzentrieren können, unmotiviert sein, nicht mit der Arbeit anfangen oder sie nicht zu Ende bringen können) und bauen die Geschichte um dieses Thema herum.
- Man kann eine Fantasiereise auch mehrmals machen und dabei das Grundthema festigen.
- Fantasiereisen oder -geschichten kann man in Gesprächen auswerten. Man kann dazu malen oder weiter daran arbeiten oder sie einfach so lassen, wie sie sind und sich darauf verlassen, dass sie auch unbewusst wirken können.

6 Innere Sprache und Selbstregulation

Die Sprache ist ein sehr vielschichtiges Phänomen. Sie dient längst nicht nur der Kommunikation, sondern auch dem Denken, den exekutiven Funktionen und der Selbstregulation, wie Vygotski bereits 1934/78 postulierte. Sie spielt aber auch eine Rolle bei der Emotionsregulation – wofür Schimpfwörter ein lebendiges Beispiel sind.

Die Forschung zeigt, dass sie vor allem beim Lösen schwieriger Aufgaben sehr wichtig ist und wesentlich dazu beiträgt, gute Lösungen zu finden.

Piaget bezeichnete die innere Sprache als «private Sprache» («private speech») und beschrieb sie als egozentrisch, weil sie nicht an andere Menschen adressiert ist. Sie entwickelt sich Hand in Hand mit der expressiven Sprache im Alter von 2 bis 3 Jahren. Anfänglich wird die innere Sprache laut gesprochen; sie begleitet Handlungen oder kommentiert diese. Mehr und mehr tritt sie zurück zugunsten der nicht mehr laut geäußerten inneren Sprache. Nach Vygotski (1978) setzt diese Entwicklung mit 5 bis 6 Jahren ein und sollte mit rund 7 Jahren abgeschlossen sein. Hörbare Verbalisationen kommen später immer wieder vor bei Stress, schwierigen Aufgaben oder nach Misserfolgen (vgl. Meichenbaum 1979). Zuerst begleitet die Sprache Handlungen, die sie später kommentiert und steuert. Die innere Sprache hilft also auch beim Denken und beim Aufbau der Selbstregulation.

Erfassen der privaten Sprache

Es ist eine sehr anspruchsvolle Aufgabe, die private Sprache zu erfassen, denn diese ist meistens unbewusst oder vorbewusst und damit schwer zugänglich.

Der erste Schritt: lautes Denken, um Gedanken zu erfassen

Will man die innere Sprache erfassen, kann «lautes Denken» ein wirksamer Weg sein. Die Aufforderung, laut zu sagen, was einem im Moment durch den Kopf geht, ermöglicht den Zugang zu diesem verborgenen Prozess.

Man kann auch mit «**Testfragen**» versuchen, die innere Sprache zu erfassen:

Stell dir vor …	**Was geht dir durch den Kopf?**
… du bist an einer schwierigen Aufgabe. … die Aufgabe ist anstrengend und du kommst nicht voran. … du bist an einer Aufgabe, auf die du keine Lust hast. … du bist an einer Aufgabe, die dir Angst macht.	… das schaffe ich eh nie! … ich bin zu blöd dafür! … ich game lieber! … ich mache es später! … das ist viel zu mühsam! … wenn ich es nur schon könnte!

Wir können einzeln oder in Gruppen und Klassen an solchen Fragen arbeiten, können im Gespräch die Gedanken sammeln und sie vielleicht notieren lassen. Wer keine Ahnung hat, was er oder sie denkt, kann sich von den Gedanken anderer Kinder inspirieren lassen. Arbeitet man in einem 1:1-Setting, kann man mögliche Antworten vorschlagen. Das Kind kann überlegen und die Vorschläge bejahen oder verneinen. So kommen Kinder und Jugendliche oft ihren Gedanken selber auf die Spur.

Auch ein sogenannter **«Gedankenstopp»** hat sich bewährt. Sobald sich die Miene meines Gegenübers verfinstert, können wir fragen: «Halt! Stopp! Was hast du da soeben gedacht? Was ging dir in diesen Sekunden durch den Kopf?» Aber auch wir selbst können bisweilen stoppen und uns diese Fragen stellen, wenn wir uns auf die Schliche kommen wollen. Negative Gedanken sind oft mächtige Hindernisse.

Am einfachsten geht dies, wenn wir uns möglichst lebhafte Vorstellungen machen. Jüngere Kinder könnten wir fragen: «Stelle dir vor, du bist am Spielen mit deiner Familie. Ihr spielt ‹Mensch ärgere dich nicht›. Am Anfang läuft es ganz gut für dich: Was geht dir da durch den Kopf?» – (z. B. «Cool, ich spiele gern. Ich bin gut im Spielen!») – «Dann ändert sich das und es sieht nicht mehr gut aus für dich: Was denkst du da? Was geht dir durch den Kopf?» (z. B. «Immer ich! Die anderen gewinnen und ich verliere immer! Ich hasse das! Ich würde das Spiel am liebsten an die Wand werfen! Dann würde ich wenigstens nicht mehr verlieren!»).

Wir können die Impulse maßschneidern und an die Zielsituation anpassen. So können negative Gedanken oder Denkfallen sichtbar werden. Solche sind gar nicht so selten und können eine gut organisierte Selbstregulation hart auf die Probe stellen.

Was tun, wenn die Lernenden keine Ahnung haben, was ihnen durch den Kopf geht? Dann können wir ihnen eine Liste vorlegen, auf welcher sie markieren können, was sie schon einmal gedacht haben und was überhaupt noch nie.

Das habe ich schon mal gedacht:	**Wähle eine Zahl zwischen 0 («noch nie») und 10 («sehr häufig»)**
Ich bin eh zu blöd!	
Das mache ich später. Warum jetzt?	
Lernen bringt nichts!	
Mathe ist nichts für mich!	
Ach, ich habe die Blätter in der Schule vergessen!	
Lesen und Schreiben – ein Graus!	
Easy. Ich kann das schon!	
Meine Gedanken: ...	
Meine Gedanken: ...	
Meine Gedanken: ...	
Meine Gedanken: ...	

Wenn Sven zu lernen beginnt, kann es sein, dass ihm Gedanken wie «Das schaffe ich eh nicht! Ich game lieber! Ich kann ja morgen lernen! Andere lernen auch nicht!» usw. durch den Kopf schwirren. Früher oder später erliegt er diesen, seine Selbstregulation bricht zusammen und er hört auf mit dem Lernen – es sei denn, er lernt einen anderen Umgang mit solchen Gedanken: Er kann trainieren, die Gedanken zu bemerken («Oh, das kommt mir bekannt vor!»), zu stoppen («Stopp! Nicht jetzt. Jetzt habe ich keine Zeit dafür») und andere Gedanken an ihre Stelle zu setzen («So, jetzt lege ich los!»).

Der zweite Schritt: neue Bewertungen finden

Stavemann (2010) zeigt mit seinem ABC-Modell, wie eine neue Bewertung gefunden werden kann. Anna (13 Jahre) sollte für ihre Mathe-Prüfung lernen, hat aber keine Lust dazu.

A (Ausgangssituation): «Keine Lust!»

B (Bewertung): «Mathe mag ich jetzt überhaupt nicht lernen. Das kann ich eh nicht! Ich chatte lieber noch etwas!»

C (Konsequenz: Gefühl und Verhalten): «Es stinkt mir. Ich lasse das Lernen bleiben!»

Die Ausgangssituation kann man oft nicht ändern, ihre Bewertung jedoch schon. Man kann ihr eine zielführendere Bewertung gegenüberstellen. Stavemann (2010) nennt solche neuen Bewertungen «B-neu». Anna könnte beispielsweise denken:

«Ich werde es schaffen! Ich game später! Ich fange heute zu lernen an. Was andere tun, ist nicht wirklich wichtig für mich!» oder: «Ich habe Mathe doch schon oft ganz gut gemacht. Ich kann das bestimmt auch heute. Ich chatte später!»

Aus dieser Neubewertung lässt sich leicht eine neue Konsequenz ableiten.

A (Ausgangssituation): «Keine Lust!»	**A (Ausgangssituation): «Keine Lust!»**
B (Bewertung von A): «Mathe mag ich jetzt überhaupt nicht lernen. Das kann ich eh nicht! Ich chatte lieber noch etwas!»	B-neu (Neubewertung): «Ich habe Mathe doch schon oft ganz gut gemacht. Ich kann das bestimmt auch heute. Ich chatte lieber etwas später!»
C (Konsequenz: Gefühl und Verhalten): «Es stinkt mir. Ich lasse das Lernen bleiben!»	C-neu (Konsequenz: Gefühl und Verhalten): «Naja, so schlimm ist es ja gar nicht. Ich fange mal kurz an.»

Der Gedanke «Ich fange mal kurz an!» ist ebenfalls ein sehr bewährter Trick, den Fabian Grolimund in seinem Buch «Vom Aufschieber zum Lernprofi» (2018) erläutert und den auszuprobieren sich immer lohnt.

Nicht immer ist es möglich, die innere Sprache exakt zu erfassen. Dann können wir, gestützt auf die Erfahrung, dass Menschen zwar sehr verschieden sind, sich aber meist nicht grundlegend voneinander unterscheiden, einen inneren Monolog mit Varianten anbieten, in dem sich die Kinder selber entdecken können. Wir könnten sagen:

A (Ausgangssituation): Mathe/Englisch/Geschichte lernen?

B (Bewertung von A): «Keine Lust! Mathe/Englisch/Geschichte mag ich jetzt überhaupt nicht lernen.»

B-neu 1: «Wenn ich mich dahinterklemme, komme ich weiter und freue mich, wenn es in der Prüfung klappt.»

B-neu 2: «Ich fange mal kurz an.»

C (Konsequenz: Gefühl und Verhalten): «Ich habe zwar keine Lust. Aber ich fange mal an. Danach kann ich chatten oder gamen.»

Manchmal genügt es, solche Gedanken als Selbstinstruktionen zu etablieren, sich also quasi eine Anleitung zum guten Denken zu geben.

Auch für die Lösung von Verhaltensproblemen eignen sich solche Wege gut. Nehmen wir an, in einer Schulklasse rasten verschiedene Kinder immer wieder aus. Sie streiten und prügeln sich. Auch dafür könnten wir einen solchen Gedankengang anregen und üben.

Wir könnten aber auch, gestützt auf Donald Meichenbaum (1978), folgenden inneren Dialog aufbauen:

1. **«Was ist meine Aufgabe?»** – «Ich will heute einmal nicht ausrasten.»

2. **«Was kann ich tun»?** – «Ich will mich heute nicht provozieren lassen. Ich kann der Gefahr aus dem Weg gehen und mich mit anderen Kindern beschäftigen.»

3. **«Mache ich das, was ich wollte?»** – «Oh! Ich muss auf mich aufpassen. Ich gehe den Streithähnen aus dem Weg und fange mit anderen Kindern an zu spielen.»

4. **«So, das habe ich gut gemacht! – Ich klopfe mir innerlich auf die Schulter und freue mich über den Erfolg.»**

Diese Vier-Punkte-Strategie ist in der Sonderpädagogik bestens bekannt und sehr hilfreich beim Aufbau der verschiedenen exekutiven Funktionen. Meichenbaum postulierte sie in den 1970er-Jahren; Generationen von Menschen haben beim Lernen oder Problemlösen schon von ihr profitiert. Sein Reminder-Blatt mit dem kleinen Bären (Meichenbaum, 1978, S. 40) spricht jüngere Schüler auch heute noch an.

Der dritte Schritt: Training, Training, Training – es ist noch kein Meister vom Himmel gefallen!

Nichts ist einfacher, als sich nicht zu ändern. Entsprechend erfordert es viel Entschlossenheit und Übung, aktiv etwas für Veränderung zu tun. Es ist ähnlich wie beim Fußball: Wenn ich ein guter Torschütze werden will, muss ich sehr viele Bälle kicken. Beim Fußball wie beim Lernen spürt man, dass es mit der Zeit immer etwas besser geht und das motiviert, hartnäckig dranzubleiben. Immerhin geht es um ein großes Ziel: nämlich darum, die Selbstregulation aufzubauen, die ein gutes Leben ermöglicht.

Wer übt, braucht einen Trainer oder eine Trainerin. Das ist nicht nur im Fußball, sondern auch beim Lernen der Selbstregulation so. Da ist auch die Beharrlichkeit von Heilpädagogen, Lehrpersonen, Therapeuten und Eltern gefragt.

Die innere Sprache («private speech») zur Entwicklung und Förderung der Selbstregulation zu nutzen, kann ein einfacher Weg sein, von dem auch kognitiv nicht sehr starke Lernende profitieren können, weil das Vorgehen direkt und klar ist.

Gute Voraussetzungen für einen erfolgreichen Aufbau der Selbstregulation sind die folgenden Punkte (Stavemann 2010, S. 167), die jedoch bei Kindern und Jugendlichen keineswegs immer gegeben sind:

- Problembewusstsein («Ich habe keine Lust!»)
- Veränderungsmotivation («Ich wäre froh, wenn es anders wäre.»)

- Selbstbeobachtung («Mal sehen, wie das bei mir geht.»)
- Ziele («Ohne Krampf zu lernen wäre cool!»)
- Strukturiertes, regelmäßiges Üben («Ich werde immer wieder auf meine Gedanken achten und mit ihnen verhandeln.»)

Sind nicht alle erfüllt, wird die Arbeit vielleicht anstrengender und herausfordernder, aber nicht unmöglich. Gerade bei Betroffenen im Kindes- und Jugendalter können wir nicht immer von Einsicht ausgehen und müssen uns oft geduldig auf den steinigen Weg machen.

Die Grundsysteme der Selbstregulation werden durch innere Sprache auch aktiviert

Gedanken und Äußerungen können die verschiedenen Selbstregulationssysteme anregen:

Das Stressverarbeitungssystem: «Oh, ich bin gestresst! Was tun? – Ein paar Mal ruhig durchatmen. Es geht vorüber.»

Das Selbstberuhigungssystem: «Ich soll mir gut zureden? Also versuche ich das einmal: Ich werde das schaffen, ganz bestimmt!»

Das interne Bewertungs- und Belohnungssystem: «Wenn ich es jetzt schaffe, zu lernen, gebe ich mir eine Belohnung dafür.»

Das Impulskontrollsystem: «Am liebsten würde ich den ganzen Mist im Garten verbrennen. Würde das helfen? – Nein, also lasse ich es bleiben.»

Das Bindungssystem: «Es ist einfacher, gute Freunde zu haben, wenn man nicht ausrastet und stattdessen nett ist zu anderen Leuten. Dann sind nämlich auch die anderen freundlich zu mir.»

Das Realitäts- und Risikobewertungssystem: «Ich überlege erst: Hilft es, jetzt nicht zu lernen? Oder wird dadurch das Risiko, eine schlechte Prüfung zu schreiben, grösser? Falls ja, ist es besser, wenn ich es anders mache und halt eben doch lerne.»

Zusammenfassung

- Die innere Sprache («private speech») kann helfen, Selbstregulation aufzubauen.
- Positive und negative Gedanken können durch lautes Denken erfasst werden.
- Auch mit einem Gedankenstopp kann man zu seinen Gedanken vorstoßen.
- Manchmal helfen Fragen weiter.
- Neue Bewertungen («B-neu») sind der Schlüssel zu neuen Konsequenzen und zu neuem Verhalten.
- Man sollte immer daran denken, sich innerlich auf die Schulter zu klopfen, wenn man etwas gut gemacht hat.
- Auch einfache Sätze können weiterhelfen. «Jetzt leg ich los!» kann uns den nötigen Impuls geben.

7 Spiele

Mit Spielen kann man bekanntlich exekutive Funktionen hervorragend trainieren. Nicht umsonst hat sich der bekannte Neurowissenschaftler Manfred Spitzer für die Entwicklung solcher Spiele engagiert («Fex-Spiele»).

Planung, Organisation, Flexibilität, Zeitmanagement, Handlungskontrolle, Strategien und Reflexion sind in den meisten Spielen sehr gefragt. Man kann mit Spielen auch die Selbstregulation hervorragend trainieren. Während die Motivation und die Aufmerksamkeit bei Spielen in der Regel gegeben sind, weil die meisten Menschen gerne spielen, stellt die Selbstregulation der Impulse eine große Herausforderung dar und ist ein bekanntes und häufiges Problem. Kinder vor dem Schulalter haben noch große Mühe damit. Nicht selten fliegen Spielbretter oder Karten durchs Zimmer und Tränen fließen. Ab sechs, sieben Jahren geht es meistens besser: Kinder können ihre Impulse besser kontrollieren. Sie haben gelernt, dass man bei Spielen nicht immer Glück haben kann.

Zumindest gilt dies für den Normalfall. Im heilpädagogischen oder psychotherapeutischen Kontext können diese Impulskontrollschwierigkeiten durchaus noch länger anhalten. Im Alltag sehen wir immer wieder Kinder, die auch mit elf Jahren noch ausrasten, wenn ein Spiel nicht nach Wunsch verläuft. Andere Kinder haben gelernt, dieser Gefahr auszuweichen und sie wählen ein Spiel aus, bei dem sie gewinnen werden (Memory, Halil Gallig). Solche Kinder haben gelernt, wie sie das Problem umschiffen können. Bis sie es auch meistern können, kann es noch eine Weile dauern. Kindern und Jugendlichen diese Strategie bewusst zu machen ist ein nächster Schritt auf dem Weg zur Selbstkontrolle. Ihnen vor Augen zu führen, wie wichtig es ist, sich selbst regulieren zu können, ist eine große Aufgabe, die man mit kleinen Schritten angehen kann.

Ein neurowissenschaftlicher Blick

Werfen wir nun einen Blick auf das Spiel aus neurowissenschaftlicher Sicht und orientieren wir uns dabei wieder an den von Roth & Stüber (2014) vorgestellten psychoneuronalen Grundsystemen.

Stressverarbeitungssystem: Wer Stress besser aushalten kann, ist im Leben bekanntlich besser dran. Jedes Spiel aktiviert und baut eine gewisse Spannung auf. Diese Anspannung trainiert das Stresssystem auf einfache Weise. Da ein Spiel meist ein kleiner Stress ist, den man aushalten oder auch vermeiden kann, wenn man denkt, er sei im Moment zu groß, sind die Art und das Ausmaß des Stresses hier überblickbar.

Hilfreiche Gedanken: ***«Es ist ja nur ein Spiel – ich kann aufhören, wenn ich nicht mehr mag: Ich kann mal schauen, wie lange ich es heute aushalte. Ich muss nicht spielen, aber ich könnte ja …»***

Beruhigungssystem: Im Spiel kann ich lernen, mich selbst zu **beruhigen,** denn spätestens wenn das Spiel vorbei ist, ist die Anspannung auch vorüber. Serotonin wird ausgeschüttet und die emotionalen Wellen legen sich wie von selbst.

Hilfreiche Gedanken: ***«Es war ja nur ein Spiel. Beim nächsten Mal geht es besser.»***

Internes Bewertungs- und Belohnungssystem: Man erlebt, dass Spielen Freude machen kann. Freude wirkt wie eine Belohnung und die Aussicht auf die Belohnung stimuliert das Belohnungserwartungssystem. Das Dopamin aktiviert die Spielenden.

Hilfreiche Gedanken: ***«Spielen macht Spaß. Ich mache gern mit, denn ich könnte ja gewinnen!»***

Impulskontrollsystem: In jedem Spiel ist die Impulskontrolle ein wichtiger Faktor und es ist für alle sichtbar, ob sie gelingt: Fliegt das Spielbrett oder wird laut geschrien, hat es dieses Mal noch nicht geklappt.

Hilfreiche Gedanken: ***«Es ist ja nur ein Spiel und bald vorbei. – Wenn es heute nicht funktioniert hat, kann es das nächste Mal klappen. – Jedes Spiel ist eine Chance. Jedes Spiel ist ein Training. – Nicht schummeln. – Spiel ist nur Spiel. – Man kann nicht immer gewinnen.»***

Bindungssystem: Bei Gruppen- oder Mannschaftsspielen ist es evident, dass das Bindungssystem involviert ist. Aber auch bei einem Spiel, in dem jeder für sich zu gewinnen versucht, sind Spielpartner dabei, die man schlagen kann. Ein fürsorglicher Umgang ist bei allen Spielen angesagt. Wer Fairness und soziales Feeling zeigt, ist als Spielpartner immer willkommen. Das gilt übrigens auch für Erwachsene. Der Botenstoff Oxytocin ist hier aktiv und führt dazu, dass die meisten Menschen gerne mit anderen spielen.

Hilfreiche Gedanken: «Wie ist das wohl für Sven zu verlieren? Sven hat verloren: Ich werde ihn ermuntern, wenn ich sehe, dass er es braucht. Ich sage zu ihm: Nächstes Mal kannst du gewinnen! – Sven hat mich schon wieder geschlagen! Naja, so ist es nun einmal im Spiel! Deswegen ist er immer noch ein cooler Typ.»

Realitäts- und Risikobewertungssystem: In vielen Spielen ist das Risikobewertungssystem stark gefordert. Die Frage, welchen Stab ich beim Mikado nehme, ob ich dabei das größere oder das kleinere Risiko wählen soll, wird von diesem System entschieden. Je nach Spiel ist die Risikobeurteilung eine hochkomplexe Aufgabe.

Hilfreiche Gedanken: «Den unteren Stab herauszuziehen, wenn er vom oberen berührt wird, ist gefährlich. Soll ich das größere oder das kleinere Risiko wählen? Ich entscheide mich jetzt für das größere Risiko.».

Wie einfach ein Spiel auch immer sein mag, es kann komplexe Fähigkeiten trainieren und die Entwicklung der Selbstregulation fördern. Selbst einfachste Spiele können hochkomplexe menschliche Fähigkeiten trainieren.

Bei jedem Spiel finden auch **Kommunikation und Interaktion** statt und man kann die Selbstregulation ganz einfach ansprechen.

Nehmen wir als Beispiel das Spiel Edelstein unter die Lupe:

Spiel Edelstein

(aus Roebers et al. 2014)

Material: 5 bis 10 unterschiedliche Steine, kleiner Zettel, Bleistift

Vorgehen: Die Gruppe sitzt im Kreis, ein Stein wird gezeigt und zum Edelstein erklärt. Die Lehrperson gibt einen Stein nach dem anderen reihum. Die Kinder sollen die Steine hinter dem Rücken weitergeben, ertasten und sich merken, welcher Stein der Edelstein war. Am Ende schreibt jedes auf seinen Zettel, der wievielte Stein der Edelstein war.

Varianten

- Ins Ohr flüstern statt aufschreiben
- Mehr Elemente für ältere Teilnehmende
- Ähnlichere oder unterschiedlichere Elemente

Analyse: Was wird hier trainiert?

- Alle sechs psychoneuronalen Grundsysteme: Stresssystem, Beruhigungssystem, Belohnungssystem, Belohnungserwartungssystem, Impulskontrolle, Bindungssystem, Realitäts- und Risikobewertungssystem
- Arbeitsgedächtnis (ich muss mir die Elemente merken)
- Selbstregulation der Aufmerksamkeit (ich bleibe im Spiel)
- Achtsamkeit (ich spüre die Steine sorgfältig, bin achtsam)
- Konzentration (ich denke an nichts anderes, auch wenn es ein paar Minuten dauert)

Innere Sprache («private speech») ist bei jedem Spiel möglich. Hier könnte sie so lauten:

Stressverarbeitungssystem: «Oh, hoffentlich vergesse ich nicht, welcher Stein es war!»

Beruhigungssystem: «Naja, ich habe das oder etwas Ähnliches auch schon geschafft. Es ist ja nur ein Spiel.»

Belohnungssystem: «Wenn ich das schaffe, gewinne ich das Spiel/einen Punkt.»

Belohnungserwartungssystem: «Ich freue mich darauf, dass ich gewinnen könnte.»

Impulskontrollsystem: «Jetzt aus dem Spiel auszusteigen ist wie verlieren. Wenn ich weitermache, kann ich gewinnen.»

Bindungssystem: «Es ist schön, mit den anderen zu spielen.»

Realitäts- und Risikobewertungssystem: «Es ist ja nur ein Spiel. Nichts Schlimmes kann passieren! Vielleicht bekomme ich einen Punkt. Vielleicht nicht!»

Keine Spiele ohne Regeln

Alle Spiele haben **Regeln** und diese einzuhalten erfordert eine gute Selbstregulation. Manche Kinder versuchen auf verschiedene Art und Weise zu tricksen, die Regeln unbemerkt zu verletzen oder sie offen mitten im Spiel zu ihren Gunsten zu verändern.

Wenn die Spannung des Spiels stresst und Jan die Spannung nicht aushält, wenn er keinen Weg findet, um sich zu beruhigen (innerer Dialog: «Bald werden wir ja sehen, wer gewinnt»), wenn er nicht in der Lage ist, eine Belohnungserwartung zu generieren («Ich habe auch schon ein Spiel gewonnen … ich könnte auch jetzt gewinnen!») und sich auf die mögliche Belohnung zu freuen, wird es schwierig, den Impuls, das Spiel abzubrechen und das Spielbrett vom Tisch zu werfen, zu kontrollieren. Wer nicht an die anderen Spieler in der spannenden Runde denkt («Es ist cool, zusammen zu spielen») und die Realitätsprüfung nicht macht («Es ist ja nur ein Spiel. Das geht mal so aus, mal anders. Niemand gewinnt immer»), ist seinen ungezügelten Emotionen tief aus dem limbischen Teil des Gehirns ausgeliefert. Viele solcher Situationen zu erleben und auszuhalten kann helfen, sein eigener Chef zu werden und sein «Sklavendasein» aufzugeben. Wer «Chef» werden will über seine Emotionen, sollte also möglichst viel spielen.

Entwicklungsfördernde Fragen: Wie ist es für dich, im «Spielstress» zu sein? Magst du lieber stressfreie Spiele? Kennst du welche? Sind die auch interessant?

Computerspiele

Diese spielt man meistens allein, womit die soziale Komponente entfällt und das Bindungssystem nicht aktiviert wird.

Ein weiteres Problem von Computerspielen ist das unmittelbare Feedback, das die Spielenden erhalten. Man muss keine Minute auf das Ergebnis oder auf den Ausgang warten. So wird das Warten-Können nicht trainiert. Darauf machte Torkel Klingberg, einer der führenden kognitiven Neurowissenschaftler an der Universität Stockholm, bereits 2008 aufmerksam.

Entwicklungsfördernde Fragen: Wie fühlt es sich an, allein ein PC-Spiel zu spielen? Ist es für dich anders, als wenn du mit anderen Kindern spielst? Was ist der Unterschied? Bist du nach dem Spielen zufriedener als vorher? Finden das deine Eltern auch?

Brett- und Kartenspiele

Auch solche Spiele sind sehr geeignet, die Selbstregulation zu trainieren. Neben den eigentlichen Zielen, Gangster zu schnappen, Hühner zu finden und seine Figürchen in den Himmel zu bringen, trainiert sich die Selbstregulation fast von alleine. Wer während des Spiels die Handlungen kommentiert («Aha, diese Figur da steht echt gefährlich da!») oder eine Spielerin nach ihren Gedanken, Einschätzungen oder ihrem Erleben befragt, kann ihr helfen, sich das Geschehen bewusst zu machen. So lassen sich Erlebnisse und Erfahrungen auch im Realitäts- und Risikobewertungssystem bearbeiten:

Entwicklungsfördernde Fragen: Was hast du überlegt? Wie ist es, eine Spielfigur verloren zu haben? Wie ist es, verloren zu haben? Was hilft, sich nicht zu ärgern oder nicht traurig zu sein, wenn man verloren hat? Wie geht es dir, wenn du gewonnen hast?

Strategiespiele

Kommentare und Fragen helfen auch hier, noch mehr zu lernen: Man kann auf diese Weise Strategien erfassen und sich bewusst machen, kann aber auch exekutive Funktionen trainieren. Außerdem kann man die Selbstregulation trainieren, indem man das Geschehen kommentiert oder Fragen stellt, die auf das Emotionale zielen.

Entwicklungsfördernde Fragen: Du hast hier deine Figur ziemlich gefährlich aufgestellt. Was hast du überlegt? Wie geht es dir, wenn du gewinnst? Wie geht es dir, wenn du verlierst? Was hilft dir, dich nicht zu ärgern oder nicht mehr traurig zu sein?

Selbst erfundene Spiele

Mit etwas Fantasie kann man Spiele auch selber erfinden. Bereits im Sandkasten entwickeln Kinder erste Spiele. Die notwendigen Regeln festzulegen ist eine tolle Aufgabe und aktiviert das Bindungssystem: «Wenn wir zusammen etwas machen wollen, müssen wir uns auf die Regeln und auf die Einhaltung der Regeln einigen (Impulskontrolle).» Manche Regeln funktionieren gut, andere nicht. Da gibt es viel auszuhandeln, was am besten mit Sprache (verbal und nonverbal) und natürlich nur in Interaktion geht. Das Bindungssystem ist ebenso wie das Realitätssystem gefordert.

Entwicklungsfördernde Fragen: Was funktioniert und was nicht? Was macht Spiele spannend? Wie kann man sie noch spannender machen? Was macht ein Spiel langweilig?

Aus Trainings können Spiele werden

Mit neurowissenschaftlichen Instrumenten lässt sich zeigen, dass bereits das Wort «Spiel» etwas im Gehirn verändert: Das Belohnungssystem wird aktiviert, denn man hat schon oft erlebt, dass Spielen Spaß macht. Man kann gewinnen. Das Wort «Spiel» aktiviert Dopamin und so fällt es leichter, eine zum Spiel gewordene Aufgabe zu erledigen. Die dank Serotonin nach dem Spiel eintretende Entspannung ist sehr angenehm und kann vom Belohnungserwartungssystem als Belohnung antizipiert und schließlich auch erlebt werden.

Wenig attraktive Aufgaben (z. B. einen Text schön und fehlerfrei abzuschreiben) können in Spiele verwandelt werden. Die Heilpädagogin, die in den Gesichtern liest, dass diese Aufgabe keine Begeisterung auslöst, ist Besitzerin einer Uhr mit Sekundenzeiger und schlägt vor: «Ich mache jede Minute einen farbigen Punkt auf eurem

Blatt, und zwar dort, wo ihr gerade seid. (Variante: ‹Jede Minute dürft ihr dort, wo ihr gerade seid, in eurer Lieblingsfarbe einen Punkt malen.›) Am Ende kontrolliert ihr die Wörter und zählt, wie viele Wörter ihr richtig geschrieben habt. Da vorne liegen die Blätter mit dem Text. Kontrolliert sorgfältig. Für jedes richtig geschriebene Wort bekommt ihr einen Punkt. Schön geschriebene Wörter geben zwei Punkte. Einverstanden?» Die Zusatzpunkte für schöne Wörter können von der Lehrperson selber vergeben werden, die Richtigschreibung kann durch sie oder durch Lernpartner überprüft werden.

Eine andere Variante wäre eine Wette: «Was meint ihr, wie viele Wörter schafft ihr in einer Minute? Schreibt eure Schätzung auf. Wer am nächsten liegt, hat die Wette gewonnen.» – Hier ist Neugier die treibende Kraft, auch sie ist ein Kind des Dopamins …

Stellt man die Gruppe in den Fokus («Was meint ihr, wie viele Punkte machen wir alle zusammen?»), kommt auch noch Oxytocin ins Spiel. Auch hier sollten die Schätzungen aufgeschrieben werden. Wer am nächsten am tatsächlichen Punktestand dran ist, hat gewonnen.

Man kann auch mit sich selber in Wettbewerb gehen und dabei vielleicht merken, dass es immer ein wenig besser geht: «Schau nach, wie viele Punkte du letztes Mal hattest. Meinst du, du kannst gewinnen gegen dich selbst?» Auch der Wettbewerb mit sich selbst motiviert und ist eine Art Dopamin-Dusche.

Natürlich wird man solche Spiele nicht täglich spielen. Trotzdem kann man erleben, dass etwas, was einem zunächst keine Freude gemacht hat (z.B. einen kurzen Text abzuschreiben), interessant werden kann, wenn man es ein wenig anders anpackt. Diese Erfahrung kann einem auch später im Leben dienen, denn unattraktive Aufgaben gibt es ein Leben lang.

Entwicklungsfördernde Fragen: Ihr habt gut gearbeitet, schön geschrieben, so wenig Fehler wie möglich gemacht. Warum ging es plötzlich viel besser? Was hat euch geholfen? Kannst du dir selber auch helfen? Hast du das vielleicht schon einmal gemacht? Erinnere dich und berichte darüber.

Ungleichheiten ausgleichen

Sehr unterschiedlich starke Spieler, wie es sie in jeder Klasse oder Gruppe gibt, können schwerlich längere Zeit miteinander spielen. Wenn der Ausgang von Anfang an klar ist, macht das Spiel keine Freude mehr. Erst wenn man nicht weiß, wie das Spiel herauskommt, wird es interessant.

Beim Golf wird dieses Problem mit Handicaps gelöst. Beim bekannten **«Stadt, Land, Fluss»-Spiel**, in dem wir neben den bekannten Kategorien, die dem Spiel den Namen gaben, beliebige Kategorien festlegen können (grammatische [z. B. Verben, Nomen] oder semantische [z. B. Synonyme]) können wir auch Handicaps einbauen: Der stärkere Spieler muss dann in jeder Rubrik zwei (oder noch mehr) Begriffe aufschreiben. Auch beim **Tier-, Verben- oder Irgendwas-ABC-Spiel**, bei dem man zu jedem Buchstaben ein Wort aufschreiben soll, funktioniert das ganz gut. Auf diese Weise können schwächere Spieler auch gewinnen und stärkere werden ebenfalls gefordert. Schwächere bekommen vielleicht noch Begriffe mit, die sie ein anderes Mal selber aufschreiben können.

Entwicklungsfördernde Fragen: Nicht alle können alles gleich gut. Das ist normal. Deshalb kann man die Latte unterschiedlich hoch ansetzen. Möchtest du dein Handicap anpassen?

Auch der Würfel kann Ungleichheiten ausgleichen: Da kann nur gewinnen, wer mehr Glück hat. Der Würfel stellt die Selbstregulation ganz schön auf die Probe. Stress ist da («Würfle ich die gewünschte Zahl?»), Selbstberuhigung wird nötig («Ist ja nur ein Spiel!»), das interne Bewertungs- und Belohnungssystem kann helfen («Ich würde gerne gewinnen! Hoffentlich klappt es»). Die Impulskontrolle ist höchst erwünscht («Mist, das sieht schlecht aus für mich. Soll ich den Würfel quer durch das Zimmer werfen? Dann finden wir ihn vielleicht nicht mehr und müssen abbrechen! Nein, ich beiße mich durch»), das Bindungssystem ist in Aktion («Ist ja so oder so schön, mit den anderen zu spielen») und das Realitäts- und Risikobewertungssystem arbeitet je nach Alter und Entwicklungsstand fleißig mit («Würfeln ist Glückssache! Das weiß jeder! Man kann nicht immer Glück haben.»).

Zusammenfassung

- Bei manchen Spielen müssen wir gut planen (z. B. Schach, Mühle, Siedler).
- Bei anderen Spielen können wir gar nicht planen und müssen dafür die Unplanbarkeit aushalten (z. B. Würfelspiele).
- Selbstregulation und Impulskontrolle werden bei allen Spielen trainiert.
- Einige Spiele verlangen eine gute Organisation des Verhaltens. Während die innere Organisation hier meist gegeben ist (man spielt ja schließlich gern und meist freiwillig), gilt dies für die äußere keineswegs immer: Geld will sortiert werden (Monopoly), die bereits gewonnenen Karten oder Stäbe müssen getrennt von den übrigen auf dem Tisch geordnet werden (Memory, Mikado) – weil sonst keiner weiß, wer gewonnen hat.
- Für viele Spiele müssen wir uns merken können, was wo liegt, was fehlt oder welche Karten bereits gespielt wurden. Das Arbeitsgedächtnis ist sehr gefordert, beispielsweise bei Memory, Quartetten, «Ich packe meinen Koffer», Gruselino und vielen Kartenspielen.
- Bei anderen Spielen wiederum kommt es darauf an, möglichst schnell zu reagieren (z. B. Schnippschnapp, Gruselino oder Speed) oder einen guten Zeitpunkt zu finden (Schach, Eile mit Weile: «Soll ich sie jetzt schlagen oder später?»).
- Flexibilität des Verhaltens ist gefordert, z. B. bei Schach («Welche Strategie wähle ich jetzt?»), Eile

mit Weile («Soll ich ihn schlagen oder nicht?»).

- trategien, Handlungskontrolle und den Blick zurück trainieren wir in anspruchsvollen Spielen wie Schach.
- Bei den meisten Spielen lohnt es sich, hinterher auch darüber nachzudenken (Reflexion, Metakognition).
- Bei Spielen trainieren wir sämtliche psychoneuronalen Grundsysteme nach Roth & Stüber.
- Auch die Biochemie gehört zum Spiel: Während die Phase des laufenden Spiels eher anregend ist (Dopamin), ist der Ausgang des Spiels mit Beruhigung (Serotonin) verbunden. Spiele, in denen man gemeinsam etwas erreichen oder die Spielpartner fürsorglich behandeln kann, aktivieren hingegen Oxytocin. Mit Dopamin-Serotonin-Oxytocin (DOSEOX) spielt und lernt man gut.
- Kurz: Das Spielen ist wohl das beliebteste und am weitesten verbreitete Selbstregulationstraining. Je nach Spiel werden auch noch verschiedene exekutive Funktionen trainiert.
- Verschiedene Spiele werden in Brunsting 2012 und 2017 vorgestellt.

8 Modelllernen und Selbstregulation

Wie Bandura (der übrigens in seinen frühen Jahren mit Mischel zusammen forschte) schon 1965 zeigte, findet Lernen oft durch Nachahmung statt. Es funktioniert also sowohl sozial (durch Nachahmung) als auch kognitiv (durch die bewusste oder unbewusste Übernahme von Verhalten). Banduras Ansatz wird als sozial-kognitive Lerntheorie bezeichnet und geht vom Modelllernen aus. «Beim Modelllernen erwirbt das Individuum neue Verhaltensweisen, indem es eine andere Person bei diesem Verhalten beobachtet», schreibt Margraf (2009 S. 19). Es ist am effektivsten, wenn der Beobachter anschließend das Verhalten selbst auch ausführt. Dies kann jedoch auch zu einem späteren Zeitpunkt geschehen.

Das Modelllernen ist nicht auf die Anwesenheit einer beobachteten Person angewiesen, sondern es kann auch durch Filme oder selbst aufgenommene Videos geschehen. Mit Filmen oder Cartoons kann es sogar richtig attraktiv werden. Grolimund & Rietzler haben zu verschiedenen Lernthemen (auch zur Selbstregulation) kurze Filme auf YouTube gestellt. Modelllernen kann sehr gut in realen Situationen oder in Rollenspielen stattfinden.

Donald Meichenbaum, Psychotherapeut und einer der Väter der kognitiven Verhaltenstherapie, geht davon aus, dass eine Verhaltensänderung herbeigeführt werden kann, wenn man die Selbstinstruktionen der Klienten verändert (1978). Die ersten Selbstinstruktionstrainings wurden mit impulsiven Kindern durchgeführt. Das Modelllernen ist also im Bereich der Selbstregulation schon sehr lang und sehr gut etabliert.

Wie es funktioniert

Mit verhaltenstherapeutischen Augen betrachtet funktioniert das Lernen hier ganz einfach: Kinder rühren in der Pfanne so, wie sie es bei den Eltern gesehen haben. Eine Instruktion ist überflüssig. Ein Kommentar der Eltern ist zwar nicht nötig, aber trotzdem sehr wichtig, denn dieser festigt die Beziehung zwischen Kind und Eltern und motiviert das Kind zu handeln.

Neurowissenschaftlich betrachtet sind hier die Spiegelneuronen im Spiel: Wie Rizzolatti, Fadiga et al. (1996) an ihren Labor-Affen beobachteten, scheint es spezialisierte Neuronen zu geben, die das Verhalten anderer verstehen und direkt (und meist unbewusst) darauf reagieren. Während der eine Affe eine Banane schälte und aß, war beim Beobachter eine ganz ähnliche Aktivität in denselben Hirnarealen zu sehen.

Selbstregulation kann man explizit oder implizit lernen – explizit beispielsweise in einem Selbstregulationstraining. Man kann sie auch implizit, als Zuschauer (also gewissermaßen nebenbei) erlernen. Verschiedene Personen können als Lernmodelle dienen: Eltern, Geschwister, Lehrpersonen, Klassenkameraden oder Protagonisten in Videos und Filmen.

Modelllernen erfolgt schon im frühen Kindesalter und auch kognitiv eingeschränkte Menschen können auf diese Weise gut lernen.

Modelle im Alltag finden

Ein konkretes Beispiel zur Selbstregulation soll illustrieren, wie das Modellernen vor sich gehen kann. Das Umgehen mit Ärger ist ein wichtiges Thema der Selbstregulation, das in einem Rollenspiel oder in einer realen Situation trainiert werden kann.

Es kommt immer wieder vor, dass Sven die Hausaufgaben nicht macht, was seine engagierte Lehrerin natürlich ärgert. Ihr Monolog:

1. «Es nervt mich echt, dass Sven die Hausaufgaben schon wieder nicht gemacht hat! Da brauche ich wohl erst einmal eine stille Minute.
2. Ich werde erst ein paar Mal ruhig durchatmen
3. und einen Moment warten, bis mein Ärger wie ein Gewitter vorübergezogen ist …
4. Danach werde ich handeln: ‹Sven, sag mal …›»

Die Schüler kopieren dieses Modell, spielen es mit einem Lernpartner durch. Sie haben vielleicht auch noch eine Erinnerungskarte vor sich, in der Tasche oder an der Wand. Daran können sie sich bei Bedarf orientieren. Das ist dann ein Fall von explizitem Lernen.

Sie können aber auch implizit lernen, indem sie einer Modellperson zuschauen und zuhören. Diese Art zu lernen ist weniger leicht kontrollierbar. Viele unbeliebte Verhaltensweisen von Kindern und Erwachsenen werden so erlernt. Kinder erklären immer wieder, sie würden die Hausaufgaben nicht machen. Das sei aber nicht schlimm, denn ihre Lehrerin kontrolliere sie ja gar nicht. Ohne Hausaufgabenkontrolle lernen manche Kinder und Jugendliche, dass es keine Rolle spielt, ob man die Hausaufgaben erledigt oder nicht.

Die sechs Grundsysteme nach Roth & Stüber und das Modelllernen

Nehmen wir an, Anja sei mit ihren Kolleginnen ausgegangen und komme nicht rechtzeitig zurück. Vater oder Mutter denken:

Stressverarbeitungssystem: «So ein Stress! Da steigt mein Puls auf 200! Stress lass nach! Ich werde ein paar Mal ruhig durchatmen.»

Selbstberuhigungssystem: «Naja, der Stress geht vorbei. Ich konzentriere mich für einen Moment auf meinen Atem. Das hilft mir meistens.»

Internes Bewertungs- und Belohnungssystem: «Anja wird bestimmt bald da sein. Und wir können das dann regeln. Das hat bisher eigentlich immer geklappt.»

Impulskontrollsystem: «Ausrasten bringt jetzt gar nichts!»

Bindungssystem: «Meine Tochter wird vernünftig mit sich reden lassen.»

Realitäts- und Risikobewertungssystem: «Das ist kein Weltuntergang, sondern ein Gesprächsthema.»

Modelllernen kann für die Selbstregulation bei verschiedensten Themen eingesetzt werden. Es hilft bei der Selbstregulation der Aufmerksamkeit, der Motivation und der Impulse – etwa, um eine Arbeit anzufangen, um durchzuhalten und sie fertigzustellen. Aber auch für andere schulische Lern- sowie für Lebens-Themen kann Modelllernen eingesetzt werden.

So könnte ein entsprechendes Vorgehen aussehen:

«Ich atme dreimal ruhig durch – ein und aus … ein und aus … ein und aus …»

Gedanken, die dabei helfen können:

- «Ich passe auf, wie aufmerksam ich gerade bin.» (Aufmerksamkeit).
- «Ich mache das jetzt, auch wenn ich keine Lust habe. Dann habe ich es hinter mir und bin zufrieden.» (Motivation).
- «Ich warte, bis das innere Gewitter vorüber ist.» (Impulskontrolle).
- «Ich lege los wie ein Schiff oder ‹starte den Rennwagen›» usw. (mit einer Arbeit anfangen).
- «Ich halte durch bis zum Ende und bin zufrieden und glücklich, wenn ich am Ziel ankomme. Dann habe ich etwas geschafft!» (durchhalten und Arbeit fertigstellen).

Rollenspiele und Selbstregulation

Auch Rollenspiele sind ein hervorragendes Mittel zum Training der Selbstregulation – so können etwa Radio- oder Fernsehsendungen simuliert oder gespielt werden. Ganz einfach ist eine Interview-Situation: Ein Reporter (z. B. die Lehrperson) fragt, und der Schüler antwortet:

Reporter «Also Mike, du bist inzwischen ein echter Experte in Sachen Selbstregulation. Ich freue mich, dass du heute Zeit gefunden hast, unseren Zuschauern ein paar wichtige Tricks zu verraten. Kannst du kurz schildern, was du tust, wenn du merkst, dass ein Konflikt sich anbahnt, deine inneren Alarmglocken läuten und du nächstens ausrastest?»

Mike «Ja, also das fühlt sich echt komisch an. Manchmal bekomme ich Herzklopfen. Dann atme ich ein paar Mal ruhig ein und aus. Ich weiß, das geht meistens ganz rasch wieder vorbei. Falls nicht, drehe ich mich um oder verlasse die Situation. Das hilft oft.»

Reporter «Es funktioniert also nicht immer. Gibt es noch etwas anderes, das manchmal funktioniert?»

Mike «Ja sicher, sogar verschiedenes. Nicht immer hilft dasselbe Mittel. Manchmal mache ich die Faust in der Hosentasche oder beiße auf die Zähne. Manchmal stelle ich mir vor, ich sei auf dem Mond und würde das Ganze von weit weg anschauen. Oder ich stelle mir vor, wie es sein wird, wenn alles vorüber ist. Es ist gut, wenn man verschiedene Wege oder Tricks kennt. Einer wird dann schon funktionieren.»

Reporter «Mhm. Wie kann man sich die denn alle merken?»

Mike «Also ich habe mir einmal eine Erinnerungskarte dazu gemacht. Auf der stehen die Tricks. Die hängt in meinem Zimmer, damit ich sie immer vor Augen habe. Zeitweise hatte ich auch eine in der Schule dabei. Das gab mir irgendwie Sicherheit.»

Reporter «Mike, vielen Dank für deine guten Ideen. Unsere Zuschauer werden sehr froh darüber sein!»

Varianten

- Reporter und Experte sind Schüler.
- Die Situation wird in der Kleingruppe mit Rollenwechsel gespielt, eventuell mit einem Zuschauer als Beobachter.
- Es wird ein Video aufgezeichnet und anschließend zusammen ausgewertet.

Zusammenfassung

- Das Modelllernen ist eine häufige und sehr effektive Art des Lernens.
- Modelllernen ist einfach und geht oft leicht über die Bühne.
- Es erfolgt explizit oder implizit.
- Unerwünschte Verhaltensweisen werden oft sehr leicht implizit erlernt. Vorsicht: Man kann auch unbeabsichtigt ein schlechtes Modell sein.
- Menschen jeden Alters können Modell sein.
- YouTube oder das Kino können ebenfalls hilfreich sein.

9 Belohnung, Motivation und Selbstregulation

Wie wir gesehen haben, gehört das Belohnungs- und Motivationssystem zu den von Roth und Stüber postulierten sechs psychoneuronalen Grundsystemen und ist damit äußerst wichtig für eine gesunde menschliche Entwicklung. Sehr früh im Leben werden hier Weichen gestellt, die es ermöglichen, motiviert und motivierbar zu werden.

Zur Erinnerung: Belohnung und Motivation gehören in das Belohnungssystem. Dieses registriert angenehme Gefühle (Befriedigung, Lust) und befindet sich auf der unteren limbischen Ebene. Daraus steigt ein bewusstes Gefühl der Befriedigung auf die mittlere limbische Ebene und in der Folge entwickeln sich Belohnungserwartungen. Wer infolge ungünstiger äußerer Umstände keine Belohnungserfahrungen macht, kann keine Belohnungserwartungen aufbauen und demzufolge keine Motivation entwickeln. Apathie und Hoffnungslosigkeit herrschen vor und erschweren korrigierende Belohnungserfahrungen. Gelingt es, in kleinen Schritten solche Erfahrungen zu ermöglichen, kann diese unglückliche Entwicklung korrigiert werden, was zwar schwierig, aber nicht unmöglich ist.

Heute scheint damit nicht alles zum Besten zu stehen, denn längst nicht alle Kinder kommen motiviert und neugierig in die erste Klasse. Ich erinnere mich an eine erste Klasse, die ich als schulische Heilpädagogin vor ein paar Jahren betreuen sollte. Wie kleine, unmotivierte 14-Jährige schlurften die Siebenjährigen gebückt und missmutig herein und fläzten sich in ihren Stühlen. Verwickelte man sie in ein Gespräch, meinten sie, sie hätten keine Lust auf Schule. Sie würden viel lieber gamen. Herauszufinden, was sie wirklich interessierte, war extrem schwierig. Es schien da eigentlich nichts zu geben, wenn man vom Gamen oder Kämpfen (mit und ohne Waffen) absah. Glücklicherweise gab es neben diesen Kindern auch eine Anzahl neugieriger, munterer und motivierter Erstklässler, die sich auf die Schule gefreut hatte. Da die unmotivierte Gruppe jedoch groß war, wurden es drei ziemlich harte Jahre für Klassenlehrerin und Heilpädagogin.

Wie Dweck & Molden (2005) zeigten, ist Unmotiviertheit keineswegs unveränderlich. Sie und ihre Forschergruppe versuchten, über das Begabungskonzept Motivation und Leistung zu verändern. Die Schüler übernahmen das Konzept: «Wenn ich mir Mühe gebe, werde ich klüger und dann kann ich auch Mathematik besser!» und ließen die frühere Auffassung «Ich bin halt nicht klug, darum kann ich Mathe nicht gut.» beiseite. Mit dem neuen dynamischen Begabungskonzept waren sie motivierter, anstrengungsbereiter und erzielten bessere Leistungen (Dweck, 2010).

Aus neurowissenschaftlicher Sicht ist klar: Menschen bringen Grundlagen für die Entwicklung in unterschiedlichem Ausmaß mit auf die Welt. Zusammen mit ihren Umwelterfahrungen entwickelt sich das, was sich schließlich im Kindergarten und auch in den ersten Schulwochen zeigt. Die Entwicklung der Motivation beginnt eben nicht erst im Kindergarten oder in der Schule, sondern, wie Joachim Bauer (2007) schreibt, bereits nach der Geburt, in gewisser Weise schon vorher, denn vorgeburtliche Einflüsse hinterlassen auch hier ihre Spuren.

Belohnung

Jede angenehme Konsequenz wirkt als Belohnung, ob Lob, eine Süßigkeit, Erfolg, oder eine Tätigkeit mit jemandem, den man mag. Eine Belohnung kann es aber auch sein, ein Spiel zu gewinnen, Wissen zu bekommen über etwas, auf das wir zuvor sehr neugierig waren oder gegen andere oder sogar gegen sich selbst in einem Wettkampf zu gewinnen. Erfolg ist eine äußerst wirksame Belohnung.

Belohnungen machen Freude und verstärken das vor der Belohnung gezeigte Verhalten. Dopamin wird ausgeschüttet und die Betroffenen sind angeregt, aufgestellt und motiviert, sich eine weitere Belohnung zu verschaffen.

Aus der Belohnungserfahrung entwickelt sich eine Belohnungserwartung («Wenn es letztes Mal eine Belohnung gab, könnte es auch nächstes Mal so sein!»). So entsteht die Motivation, etwas Bestimmtes zu tun. Auch die Motivation, Selbstregulation auszuüben kommt so zustande. Das hilft einem, etwas nicht so Tolles auf sich zu nehmen, um nachher etwas Cooles zu erreichen.

Das kann man für die Pädagogik und die Sonderpädagogik daraus lernen

Mit Belohnungen lernen Menschen vieles sehr leicht – auch Selbstregulation und nicht selten intrinsische Motivation. Beim Stichwort Belohnung denkt man meistens an kleine oder größere Geschenke oder Punkte. Immaterielle Dinge wie Lob oder das Gefühl, Erfolg zu haben, sind aber noch viel wirksamere Belohnungen. Sie sind nur weniger leicht zu organisieren oder «herzustellen» … Auch Punktesysteme, Spiele, Neugier wecken («Ich bin gespannt!») oder Wettbewerbe («Mal sehen, ob ich es heute besser schaffe ohne auszurasten!») haben Belohnungscharakter. Sogar Hausaufgaben können einen solchen Charakter bekommen, wenn man ein Logbuch darüber führt (s. unten).

Ziel einer Belohnung ist es meist, ein unbeliebtes Verhalten beliebter zu machen (Tisch abräumen, Hausaufgaben machen). Durch das Training soll gelernt werden, diese Aufgaben zu erledigen. Durch Gewöhnung (Konditionierung) kann die Handlung ins Verhaltensrepertoire aufgenommen werden und wir brauchen nun nicht mehr so viel Kraft und Überwindung (Selbstregulation). Wir haben uns angewöhnt, nach dem Essen die Zähne zu putzen und andere wenig attraktive Dinge zu tun – ohne groß darüber nachzudenken.

Ich kann mich selbst belohnen und mir etwas vornehmen, das ich cool finde und mir nach erledigter Aufgabe erlaube (etwas trinken, lesen, kurz in den Chat gehen). Kinder tun dies in der Regel in Absprache mit den Eltern oder Lehrpersonen.

Wie wir von den Neurowissenschaften gelernt haben, stimuliert bereits das Stichwort «Punkte» das Belohnungssystem. Das Gehirn versucht augenblicklich, möglichst viele Punkte zu bekommen, selbst wenn noch gar nicht klar ist, in was sich diese Punkte umtauschen lassen. Es funktioniert auch dann, wenn es nur bei den Punkten bleibt.

Wenn die Belohnung von außen kommt, kann eine Überraschung den Effekt verstärken. Darf man etwa für 15 Minuten Hausaufgaben-Machen einen Smiley ins Logbuch kleben und bekommt hie und da einen Bonus (z. B. einen zusätzlichen Smiley), verstärkt dies den Belohnungseffekt. Das gilt sogar im Tierreich: Kapuzineräffchen bevorzugten in einem Experiment den Versuchsleiter, der in 50 Prozent der Fälle eine zusätzliche Traubenbeere gab (Hammond 2016).

Gemeinsam das Belohnungssystem entwickeln

Belohnungen können ausgehandelt werden. Belohnungen für größere Aufgaben müssen auf jeden Fall gemeinsam beschlossen werden. Aushandlungsprozesse sind sehr wichtig für die Lernenden ebenso wie für ihre Lehrpersonen und Eltern. Die Lernenden können in altersgemäßer Weise Einfluss nehmen und das verstärkt bei ihnen das Gefühl der Selbstwirksamkeit. Aushandlungsprozesse bedeuten Kommunikation und Interaktion und stimulieren das Bindungssystem.

Punktesysteme können sehr hilfreich sein, um ein schwer erreichbares Zielverhalten zu trainieren. Es gibt raffinierte und hochkomplexe Punktepläne, die auch Jugendliche gut akzeptieren. Diese basieren meist darauf, dass auch die Jugendlichen Vorschläge einbringen können. Sie wählen natürlich solche Verhaltensweisen, bei denen ihnen die Punkte sicher sind, die Lehrpersonen oder Eltern hingegen solche, die erwartungsgemäß schwierig sind. Die Pläne werden gemeinsam ausgehandelt und nach ein paar Wochen wieder angepasst. Ein solches System habe ich bereits beschrieben (2014, S. 90–97), so dass hier dieser Hinweis genügen soll.

Logbuch

Gemäß verschiedenen Forschungsergebnissen wirkt eine unmittelbare Belohnung besser als eine aufgeschobene. Also kommentieren die Eltern die Logbücher der Kinder oder schreiben sie bei jüngeren Schülern gleich selbst. Sie notieren die Punktzahl und wertschätzen die Anstrengung (unmittelbare Belohnung). Kindern und Jugendlichen, die nicht aus eigenem Antrieb lernen, kann man eine Verdopplung der Punktzahl in Aussicht stellen, wenn sie einmal ohne Aufforderung Hausaufgaben machen oder lernen. Die Eltern entscheiden jeweils, ob es heute die einfache oder die doppelte Punktezahl gibt. Vor allem aber wertschätzen die Eltern mit ihrem Zeiteinsatz, ihrem Interesse und sicher auch mit ein paar aufmunternden und motivierenden Worten die Anstrengungen des Kindes.

In der Therapie (bzw. in der Schule) werden die mit einer unangenehmen Arbeit verbrachten Minuten (gemäß einem vereinbarten Code, z.B. ein Smiley für 15 Minuten) in Smileys umgerechnet und vom Kind in den Smiley-Sammelbogen eingetragen. Ist der Bogen voll, wird die Belohnung fällig. Dies ist also eine mittelbare, aufgeschobene Belohnung, die manchmal erst nach etlichen Wochen erfolgt. Offensichtlich wirken aber schon das Eintragen der Smileys und die soziale Unterstützung durch Eltern und Lehrpersonen belohnend. Jedenfalls bringen es Kinder oder Jugendliche fertig, sich so lange darum zu bemühen, bis der Punktebogen (Brunsting 2017) voll ist. Natürlich passen wir die Größe des Bogens an den aktuellen Entwicklungsstand des Kindes an.

Durch die lange Zeit gewöhnen sich die Lerner die gute Gewohnheit an, Hausaufgaben zu machen, möglichst auch noch aus eigener Initiative. Solche guten Gewohnheiten («habits») entlasten die Selbstregulation (Galla & Duckworth 2015). Selten allerdings gelingt dies mit nur einem Punktebogen. Immer aber bewirkt der Bogen sehr viel, sogar bei Oberstufenschülern und Erwachsenen.

Geld als Belohnung

Wie die Forschung berichtet (Hammond 2016) bringt Geld als Belohnung bei Erwachsenen meist nicht viel. Wenn es jedoch hilft, ein wichtiges Ziel zu erreichen (z. B. Drogenabhängigkeit zu überwinden), ist es wirksam. Wichtig war in dieser Studie die Wertschätzung der Anstrengung: Wer regelmäßig in der Klinik berichten konnte, wie es ihm ging und dadurch Wertschätzung erfahren konnte, kam besser voran, als die Leute in jener Gruppe, die allein mit Geld belohnt wurde.

Bei Kindern und Jugendlichen sieht die Sache etwas anders aus. Sie freuen sich in der Regel auf Taschengeld, weil es die Erfüllung kleinerer oder größerer Wünsche ermöglicht. Wenn sie mit ihrem eigenen Verhalten darauf hinarbeiten können, umso besser. Wie dies im Rahmen eines komplexen Punktesystems aussehen kann, zeige ich in Brunsting (2014). Aber auch Kinder und Jugendliche sind besser motivierbar, wenn ihre Anstrengung geschätzt wird (Wertschätzung).

Motivation

Die Motivation ist in der pädagogischen Welt ein extrem wichtiges Thema, was sich gleichermaßen in Wissen und Mythen zeigt. Schauen wir uns ein paar davon genauer an:

1. «Ohne Motivation kann man nicht lernen.»

Dieser Mythos stimmt teilweise. Es ist definitiv sehr einfach, mit einer guten Motivation zu lernen. Die schwierigsten Bewegungsabläufe, die komplexesten kognitiven Zusammenhänge kann man sich besser, schneller und leichter zu Eigen machen, wenn man motiviert dahinter geht.

Lehrpersonen denken meistens, die Schüler sollten unbedingt von zu Hause Motivation für Schule und Lernen mitbringen, während Eltern finden, die Schule müsse ihre Kinder motivieren. Wenn der Unterricht richtig gestaltet werde, sei auch ihr Kind motiviert. Wie Bauer (2007) feststellte, entwickelt sich die Motivation aber schon lange vor Kindergarten und Schule. Bei bindungsfähigen, interessierten und achtsamen Eltern wachsen auch motivierte Kinder heran.

Nun gibt es in jedem Leben viele Dinge, die man gar nicht gerne tut und für die man überhaupt nicht motiviert ist. Man kann sie trotzdem tun – wenn es auch anstrengender ist. Der eine oder andere Motivationstrick oder eine gute Selbstregulation können hier sehr hilfreich sein.

2. «Wirklich gut ist nur intrinsische Motivation. Extrinsische Motivation ist eigentlich gar keine.»

Dieser häufig zu hörende Glaubenssatz ist in Schule und Familie sehr weit verbreitet. Richtig ist, dass eine starke intrinsische Motivation hilft, sich mit etwas intensiv auseinanderzusetzen (z. B. Fußball oder Klavier spielen, Rechnen oder Schreiben). Praktisch anstrengungslos gelangt man dann auf den höchsten Gipfel. «Flow» nannte Csíkszentmihályi diesen Zustand, in den man geraten kann, wenn man hochmotiviert einer Tätigkeit nachgeht, die man sehr gerne mag. Das Belohnungssystem nährt und unterstützt dieses Engagement mit jedem Schritt und jedem Atemzug.

Das ist bei einer extrinsischen Motivation natürlich anders. Da ist die Tätigkeit an sich nicht so erstrebenswert. Deshalb fällt es vielen Lernenden schwer, beispielsweise Hausaufgaben zu machen. Eine gute Belohnung (extrinsische Motivation) kann hier viel bewirken und nicht selten eine extrinsische Motivation zu einer intrinsischen werden lassen.

«Zwar mag ich Mathe gar nicht. Aber ich möchte eine gute Note!», denkt sich Ben und strengt sich an. Die gute Note ist seine (extrinsische) Belohnung. Oft geht es auch anderen wie Ben: Als er zwei Monate fleißig Mathe gelernt hatte, berichtete er, er finde Mathe nun gar nicht mehr so schlimm. Es mache ihm im Gegenteil sogar ein bisschen Spaß. Gute Noten (extrinsische Motivation) öffneten ihm diese Tür. Interesse und Freude keimten zaghaft beim Matheüben (intrinsische Motivation). Mit dieser Erfahrung wird es ihm das nächste Mal leichter fallen, sich anzustrengen.

Menschen tun vieles, um anderen eine Freude zu bereiten, Kinder den Eltern oder Lehrpersonen, Erwachsene den Partnern oder Freunden. Jemandem eine Freude gemacht zu haben, erlebt man oft als Belohnung und dies kann schließlich zu der intrinsischen Motivation führen, es wieder einmal zu tun.

3. «Mit einer guten Motivation kann man sehr viel und leicht lernen.»

Dass man mit einer guten Motivation man sehr viel und leicht lernen kann, stimmt und das haben sicher alle von uns schon erfahren. Mit einer weniger guten Motivation kann man aber auch lernen – es ist nur weniger leicht! Das weiß jeder Mensch, der sich ab und zu überwinden muss, um die Wohnung zu putzen oder die Steuererklärung auszufüllen. Mit einer guten Motivation braucht es keine Bemühungen um eine gute Selbstregulation – es funktioniert einfach wie von selbst.

4. «Extrinsische und intrinsische Motivation sind für die meisten Menschen der Normalfall.»

Psychologin und Hypnotherapeutin Susy Signer-Fischer meint dazu: «Im Allgemeinen ist es so, dass die Klienten eine Mischung von Motiven in sich tragen, ein Teil ist intrinsisch, ein Teil extrinsisch» (2009 S. 41). Eltern und manchmal auch Lehrpersonen erwarten, «dass ein Kind gerne tut, was es tut; beispielsweise sollen Hausaufgaben freiwillig und gerne gemacht oder die Abwaschmaschine soll voller Enthusiasmus und Elan ausgeräumt werden. Dies ist häufig nicht der Fall. [...] Kinder sollten aber auch fähig sein, unangenehme Pflichten zu erfüllen, etwas durchzuhalten, Frustrationstoleranz aufzubauen und etwas in Schritten durch Üben zu erlernen.» (2009 S. 43).

Wie Hattie (2013, S. 58) berichtet, kamen Twenge, Zhang & Im (2004) zu dem Schluss, die Anzahl der Lernenden, die finden, ihr Lernen sei eher extern als intern motiviert, habe in den letzten zwei Generationen zugenommen. Immer mehr Lernende würden heute Stressbewältigung trainieren anstatt motiviert zu lernen. Die Autoren bringen dies in Zusammenhang mit der Bedeutung von Tests, die in der Bildungswelt zunehmend eingesetzt werden. Man lernt für Tests anstatt für die Sache und das Ziel ist ein gutes Testergebnis – nicht die Erarbeitung von Wissen.

5. «Die Selbstregulation der Motivation kann nicht gelernt werden. Entweder man hat sie oder man hat sie nicht.»

Dieser Mythos ist auf jeden Fall falsch. Die Selbstregulation der Motivation ist für viele Menschen ein lebenslanges Thema. Gollwitzer, Oettingen et al. (2011) haben viel zur Motivation geforscht. Sie konnten nachweisen, dass bereits Kinder der 2. bis 5. Klasse sich besser motivieren konnten, Wörter zu lernen für den Fremdsprachunterricht, wenn sie sich vorstellten, wie es wäre, diese Wörter in der nächsten Prüfung oder in der Schule gut zu können. Noch besser konnten sie es, wenn sie sich zusätzlich die Hindernisse vorstellten, denen sie auf dem Weg begegnen konnten (z.B. keine Lust haben, viele Ablenkungen oder Versuchungen). Wenn das Ziel erreichbar erscheint, entsteht durch dieses Vorgehen (die Autoren nennen es «mentales Kontrastieren mit Implementationsabsicht» oder MCII) ein verbindliches Ziel und das führt zu einem starken Engagement.

Wird die Machbarkeit als hoch eingeschätzt, baut das mentale Kontrastieren starke mentale Verbindungen zwischen Zukunft und Gegenwart auf: Die Gegenwart wird als überwindbares Hindernis betrachtet. Das mentale Kontrastieren liefert Energie, um das Hindernis zu meistern und die erwünschte Zukunft zu erreichen. Wird die Machbarkeit hingegen als tief eingeschätzt, werden die mentalen Assoziationen geschwächt, das Hindernis erscheint unüberwindbar und Aktivitäten, die es überwinden sollen, bleiben aus.

Das mentale Kontrastieren von Zukunft und einer Gegenwart mit Hindernissen stellt eine Selbstregulationsstrategie dar, die machbare Wünsche in verbindliche Ziele übersetzt. Interessanterweise braucht man sich das Ganze gar nicht unbedingt bewusst zu machen, es funktioniert auch auf unbewusster Ebene.

Wie geht das konkret vor sich?

Die Kinder bekommen ein kleines Notizbuch, in das sie schreiben sollen. Das Geschriebene müssen sie niemandem zeigen.
Die Instruktion lautet: «Stelle dir vor, du würdest sieben (je nach Situation/Alter) oder mehr Wörter richtig schreiben. Du würdest einen Preis gewinnen und würdest dich riesig freuen …
Was könnte dich daran hindern, die Wörter zu lernen? Stelle dir diese Hindernisse vor und schreibe deine Gedanken hier auf …»

Die ganze Intervention erfolgte in der Studie von Gollwitzer et al. ausschließlich schriftlich. Die Kinder wurden nicht angeregt zu üben, sie erhielten keine Übungsblätter und auch keine Einladung, solche mitzubringen. Das bedeutet, dass der ganze positive Effekt auf die Intervention, sich das Ziel in der Zukunft und die Hindernisse in der Gegenwart vorzustellen, zurückzuführen war.

Die Autoren kommen zum Schluss, dass die Schulen Lernende dazu ermutigen sollten, genau dies zu tun und dabei darauf zu achten, dass die Ziele wirklich machbar sind.

Wenn wir dieses Experiment wiederholen, so dass das Gelernte nicht vergessen geht, haben wir ein effektives Training. Verschiedene Lernziele können so angegangen werden und eine verbale Auswertung ist möglich aber nicht nötig.

Warum und wie genau es funktioniert, ist bis heute noch nicht ganz klar. Die Autoren vermuten:

- Die Kinder der mentalen Kontrastier-Gruppe entdeckten durch die Verbindung von Hindernis und Ziel, dass sie das Hindernis überwinden konnten.
- Möglicherweise fanden sie Mittel und Wege, wie sie ihr Lernen verbessern konnten (Lernstrategien).
- Vielleicht verwendeten sie mehr Lernstrategien oder konnten Versuchungen und Ablenkungen besser widerstehen nach dem Training.

Die Forschergruppe konnte zeigen, dass MCII Planungsstrategien verbessert, in der Therapie Verbesserungen bringt und Kinder auf diese Weise lernten, sich Hilfe zu holen (Oettingen et al. 2005 & 2010). Es scheint also eine vielversprechende, einfache und breit einsetzbare Intervention zu sein. Besonders interessant ist, dass sie auch auf unbewusster Ebene funktioniert. Damit wird sie zu einem gangbaren Weg auch für jüngere oder kognitiv beeinträchtigte Lernende. Sie hilft, Selbstregulation aufzubauen, was man überall im Leben brauchen kann. Gawrilow et al. (2010) haben ein kleines Lehrermanual verfasst, mit dem man die Selbstregulation ausgezeichnet trainieren kann.

Selbstwahrnehmung

Um eine Strategie im Alltag selbstständig anzuwenden, muss erst die Einsicht entstehen, dass Handeln angezeigt ist. Dabei hilft die Selbstwahrnehmung, denn sie signalisiert, wann man etwas unternehmen muss.

Selbstwahrnehmung vor der Tätigkeit (Handlungsplanung)

Fragen, die man sich stellen kann: «Wie motiviert bin ich zum … (Staubsaugen, Hausaufgaben machen usw.)? Wie schätze ich meine Motivation auf einer Zehner-Skala ein? (10 = total motiviert, 1 = total unmotiviert)».

Achtung: Wenn die Motivation unter 3 liegt, wird es gefährlich. Die Alarmlampen blinken und wir suchen in der Trickkiste nach dem besten Trick, um die Motivation zu erhöhen (s. u.).

Selbstwahrnehmung während der Tätigkeit (Handlungsüberwachung)

Fragen, die man sich stellen kann: «Wie fühlt es sich jetzt an, die Hausaufgaben zu machen? Wie schlimm ist es: 10 oder weniger?»

Achtung: Wenn es sich sehr schlimm anfühlt (auf der Skala über 8), tut es gut, eine kurze Unterbrechung machen und sich drei Minuten lang zu bewegen (z. B. hüpfen, laufen). Auch eine stille Minute kann helfen. Danach ist man häufig bereit zum Neustart.

Ungeliebte Tätigkeiten sind oft am Anfang am schlimmsten. Manchmal merkt man nach ein paar Minuten, dass es langsam etwas besser geht und die Sache weniger schlimm ist als zu Beginn.

Selbstwahrnehmung nach der Tätigkeit (Handlungskontrolle)

Fragen, die man sich stellen kann: «Wie fühlt es sich an, die Aufgaben erledigt zu haben und morgen mit gut gemachten Aufgaben in der Schule zu sitzen?»

Achtung: Wer ein Wort findet, das das Gefühl beschreibt (z. B. «erleichtert», «entspannt», «stolz» usw.), kann es auf einem Plakat an der Wand notieren. Die gesammelten Wörter vor Augen zu haben, kann das Lernen erleichtern.

Sich loben oder loben lassen ist wichtig. «Das habe ich gut gemacht. Jetzt kommt die Belohnung!» Das Lob so richtig auszukosten und es sich z. B. drei Atemzüge lang innerlich vorzusagen hilft dabei, es zu festigen. Wer sich selbst loben kann, ist unabhängiger von anderen Menschen. Wer es noch nicht selber schafft, kann sich das Lob von Eltern oder Lehrpersonen geben lassen.

Eine kleine «Trickkiste» oder: Was außerdem noch helfen kann

Portionen oder Etappen machen: Die Tour der Suisse besteht aus verschiedenen Etappen. Was jeder Sportler weiß, gilt auch für Motivationssuchende: Etappenziele helfen. Gelingt es, sich für zehn Minuten zu motivieren oder die erste Portion zu meistern, kann man schon einen ersten Erfolg verbuchen und sich entsprechend gut zureden: «Wenn ich eine Viertelstunde gearbeitet habe, mache ich eine kurze Pause oder gebe mir einen Smiley!» (Dabei sollte man die Zeit kontrollieren, denn mehr als fünf Minuten Pause sind ungünstig, weil man dann wieder neu einsteigen muss.)

Jüngere oder weniger erfahrene Lernende brauchen beim Portionieren meist Unterstützung, damit die Portionen die richtige Größe haben. Ideal sind gerade noch machbare Portionen. Zu kleine oder zu große sind fatal, denn wer eine Etappe nicht zu schafft oder sie als zu einfach erlebt, entwickelt keine Motivation oder verliert sie. Smiley-Programme (s. u.) können die Entwicklung unterstützen

Logbuch führen: Viele Schüler hassen Hausaufgaben so sehr, dass sie das Gefühl haben, sie bräuchten Tage für kleine Aufgaben. Da lohnt es sich, einen Realitätstest zu machen und die Lernzeiten in einem Logbuch eintragen zu lassen. So können sie sich selbst, den Eltern und den Lehrpersonen beweisen, dass sie gelernt und gearbeitet haben, auch wenn vielleicht das Ergebnis nicht ganz so toll ist, wie man es sich vorstellte. Manchmal staunen die Lernenden, wie wenig Zeit es eigentlich war. Manchmal staunen aber auch die Eltern und die Schule, dass es viel mehr Zeit war, als sie aufgrund der Leistung vermutet hatten. Es hilft also allen Beteiligten, die individuelle Lernwelt besser zu verstehen und einzuschätzen. Ein Logbucheintrag wird von Eltern oder Lehrpersonen aufmunternd kommentiert (Wertschätzung!) und hilft auch damit den Lernenden weiter. Lernende spüren, dass sie diesen Personen wichtig sind und fühlen sich in ihrem Bemühen ernst genommen. So kommt hier auch das Bindungssystem zum Tragen.

Smiley-Programm: In ganz hartnäckigen Fällen kann das Logbuch auch in ein Smiley-Programm integriert werden. Für beispielsweise zehn Minuten Lernen gibt es einen Smiley. Diese werden gesammelt und später gegen etwas individuell Aushandelbares eingetauscht.

Hausaufgaben kontrollieren und wertschätzen: Hausaufgaben werden heute äußerst kontrovers diskutiert. Manche Lehrpersonen geben Hausaufgaben so, wie man das früher auch schon tat, andere wiederum geben gar keine mehr. Noch einmal andere geben zwar Hausaufgaben, kontrollieren sie aber nicht – und zwar mit der Begründung: «Ich habe keine Zeit zu kontrollieren und zu korrigieren!» Das ist natürlich schlecht, weil Kinder dadurch lernen, dass man die Aufgaben nicht wirklich machen muss. Es kann aber auch fatal sein, wenn Schüler halbleere Arbeitsblätter haben, mit denen sie sich auf die Prüfung vorbereiten müssen, weil sie ja dann gar nicht wissen, was überhaupt zum gesamten Lerninhalt gehört.

Hausaufgaben sind eine Lernform für wichtige Lerninhalte. Nur wenige Schüler schaffen es, Hausaufgaben zu erledigen ohne in ihrer Selbstregulation herausgefordert zu werden. Positiv ausgedrückt heißt das: Hausaufgaben gehören zu den am einfachsten zu organisierenden «Tricks» zum Selbstregulations-Training.

Oft wird an die Selbstverantwortung der Schüler appelliert, ungeachtet der Tatsache, dass viele Schüler das noch nicht können, weil ihre Hirnentwicklung dies nicht zulässt (z. B. Spätentwickler oder ADHS-Betroffene).

Pubertät und Adoleszenz sind bekanntlich Jahre, in denen das Hirn einer Baustelle gleicht und Jugendliche vieles nicht mehr können, was sie einmal beherrschten. Hier kommt es rasch zu einer Überforderung der Selbstregulationskräfte. Daher ist in solchen Momenten Fremdsteuerung nötig, bis die Selbststeuerung wieder funktioniert. Denn eine Überforderung der Selbstregulation ist unnötig und kontraproduktiv. Das einzige, was man als Schülerin ohne Aufgabenkontrolle lernt ist, dass man seine Sache nicht wirklich machen muss, weil sie ohnehin niemanden interessiert. Aufgabenkontrolle bedeutet nämlich auch Wertschätzung. Das Bindungssystem ist auch hier mit von der Partie.

Mutter oder Elektronikdiät

Auf die Frage, was Ben, 15 Jahre, helfen würde, sich zusammenzureißen und seine Hausaufgaben zu machen, meinte er schmunzelnd: «Wenn meine Mutter und/oder mein Vater mir alles verbieten, bevor ich die Hausaufgaben gemacht habe – abmachen, gamen, TV schauen, SMS schreiben, telefonieren, schlichtweg alles! – ist es viel einfacher für mich zu lernen!»

Anna, 12 Jahre, antwortete ihrer Mutter, als diese fragte, warum sie jetzt lerne: «Ich wusste gerade nicht, was ich machen sollte. Da dachte ich, ich lerne mal.» In Annas Familie wurde eine «Elektronikdiät» eingeführt, als sich zeigte, dass Anna die Schule nicht mehr ernst nahm und ihre Hausaufgaben vernachlässigte. Mit durchschlagendem Erfolg, denn innerhalb von zwei Monaten klappte es wieder besser in der Schule, weil Anna wieder Zeit ins Lernen investierte.

Ben helfen Verbote und Anna die Elektronikdiät, sich trotz ihrer noch schwachen Selbstregulation sinnvoll zu verhalten. Die daraus resultierenden Schulerfolge fördern die Lernmotivation und unterstützen die Entwicklung der Selbstregulation.

Im Idealfall sollten Lernende so viel Selbststeuerung wie möglich und so wenig Fremdsteuerung wie nötig erhalten. Das ist nur mit ständiger guter Beobachtung möglich.

Botenstoffe als Helfer: Dopamin, Serotonin und Oxytocin sind tüchtige Helfer beim Aufbau der Motivationsregulation. Gelingt es, neugierig zu machen und für einen Spannungsaufbau zu sorgen («Ich bin gespannt, wie weit du kommst in zehn Minuten!» → Dopamin), diese Spannung wieder abflauen zu lassen («Ich komme vorbei und schaue, wo du bist!» → Serotonin) und sich gemeinsam mit einer helfenden Person darüber zu freuen («Wow, so weit hast du es geschafft! Das haben wir gut gemacht. Ich mit dem Nachschauen und du mit dem Schreiben!» → Oxytocin), kann vieles funktionieren, das sonst nicht funktionieren würde.

Was sonst noch hilft:

- **Wählen dürfen:** «Ihr dürft erst den oberen oder den unteren Teil machen/die geraden oder die ungeraden Aufgaben lösen/erst rechnen und dann schreiben.»
- **Konsequenzen aufzeigen:** «Ihr dürft in der Schule wenig machen. Dann habt ihr aber zu Hause umso mehr zu tun. Ihr dürft auch in der Schule viel machen und habt dafür zu Hause umso weniger Arbeit.»
- **Musik hören dürfen:** Viele Lernende lernen lieber und oft auch besser mit Musik. Allerdings sollte es Instrumentalmusik sein, klassische Stücke helfen am besten. Die Lieblingsmusik der Kinder ist leider meistens weniger gut geeignet, denn Musik mit Gesang lenkt ab, insbesondere wenn man die Sprache versteht.
- **Der Wochenplan** ist theoretisch motivierend für alle. Praktisch können jedoch schwächere oder schlechter strukturierte Schüler davon oft nicht profitieren. Sie leiden darunter, dass sie selbstständig weder einen Plan machen noch einen einhalten können – und immer alles bis zum letzten Moment aufschieben. Wenn in der Schule und zu Hause niemand helfen kann, ist das Desaster program-

miert: Die gesammelten Aufgaben für eine Woche werden am letzten Abend vor Abgabe gemacht – oder gar nicht. Die Pädagogik hat also schon Recht, wenn sie den Wochenplan als gutes Hilfsmittel zum Training der Selbstregulation betrachtet. Jede erfahrene Lehrperson weiß, welche ihrer Schüler den Plan selbstständig schaffen und welche einen regelmäßigen Kontroll-Blick brauchen. «So wenig Unterstützung wie nötig und so viel Selbstregulation wie möglich» lautet die Devise. Wenn Lehrpersonen ihre Erfahrung an die Familie weitergeben und den Eltern zeigen, wie sie diese Lernprozesse zu Hause unterstützen können («Es ist kein Muss, man kann und es hilft!») können Eltern die Entwicklung auf einfache Weise unterstützen. Warum nicht das Thema Wochenplan wieder einmal an einem Elternabend erörtern, es in einem individuellen Gespräch behandeln oder einen Zettel mit nach Hause geben, mit Tipps für den Umgang mit dem Wochenplan?

Der Kühlschranktür-Trick

Ein Kühlschrank ist ein Gegenstand, der unverrückbar in der Küche steht, in dem viele gute Dinge gut aufgehoben sind und in den man täglich mehrmals hineinschaut: Also ist die Kühlschranktür auch ein guter Ort für wichtige Botschaften. Wir alle wissen, dass es im Strudel des Alltags schwierig sein kann, sich an diese zu erinnern. Jede Botschaft zum Aufbau der Selbstregulation ist hier gut aufgehoben. Aber auch hier kann ein fester Ort helfen, solche Botschaften in Erinnerung zu behalten.

Kühlschranktipps zum Wochenplan

Portionen machen: 15 bis 45 Minuten pro Tag einplanen, je nach Alter des Kindes
Jede erledigte Aufgabe markieren: z. B. «Mathe: fertig»
Zeiten notieren, die man für einzelne Fächer aufgewendet hat (z. B. «Mathe: 15 Minuten»)
Belohnung, wenn der Wochenplan rechtzeitig fertig ist (ev. sogar einen Tag früher)

Im Folgenden schauen wir ein Beispiel etwas genauer an. Neben dem Dialog finden sich in der rechten Spalte Beobachtungen und Kommentare. Man sieht, dass auch ein ganz schlichter Vorgang voller Lern- und Erfahrungsmöglichkeiten ist.

Ben soll in Mathe am Wochenplan arbeiten.

Dialog	Beobachtung, Kommentar
Ben: «Ich kann das eh nicht. So viele Rechnungen schaffe ich nie!»	*Entmutigung, Hoffnungslosigkeit*
LP: «Weißt du was? Mach mal zwei Rechnungen und ruf mich. Dann schauen wir weiter.»	*Plan, Portionen machen, Feedback bekommen, gespannt sein auf das, was noch kommt*
Ben (nach drei Minuten): «Ich habe zwei Rechnungen gemacht!»	*Feedback kommt, Lob, Wertschätzung der Anstrengung, Belohnung,*
LP: «Wow! Gut. Lass mal sehen! Ja, die sind auch richtig. Da hast du dir wirklich Mühe gegeben. Mhm, gut gemacht, Ben! So, nun kannst du dir zwei Smileys geben. Am besten sagst du dir jetzt auch noch, was ich eben zu dir gesagt habe: ‹**Gut gemacht, Ben!**› Das ist ein ganz guter Trick, der oft hilft.»	*Wertschätzung* *Belohnung* *Trick: Sich selbst mit Namen ansprechen hilft besonders gut*
Ben: «Gut gemacht, Ben!»	*Sich selbst verstärken* *Sich bewusst machen und auskosten, wenn man etwas gut gemacht hat*
LP: «Sag mal Ben, wie fühlt es sich an, etwas geschafft zu haben, von dem du gedacht hast, dass du es nie und nimmer schaffst?»	*Selbstreflexion anregen*
Ben: «Es ist cool. Eigentlich ganz schön.»	*Das Gefühl spüren. Die Freude auskosten.*
LP: «Das ist auch ein Trick für deine Trickkiste. Freu dich, wenn du etwas geschafft hast! Denk an die Freude, wenn du das nächste Mal denkst, du schaffst es nie. Hol diese Freude wieder hervor und genieße sie.»	*Trick, inspiriert von der Positiven Psychologie. Positive Gefühle stärken. Man kann sich an sie erinnern in schwierigen Momenten.*

Die Kommentare können dem Schüler auch mitgeteilt werden. So kann die Erfahrung noch besser im Bewusstsein verankert werden.

Werfen wir nun einen Blick auf die psychoneuronalen Grundsysteme. Das **Motivationssystem** ist nach Roth und Stüber ganz zentral. Die anderen Systeme spielen aber auch hier mit:

Das **Stressverarbeitungssystem** signalisiert, dass die vorliegende Aufgabe mit Stress verbunden ist: «Oh, wie mein Herz klopft! Puls 130 oder so!»

Das **Selbstberuhigungssystem** schaltet sich ein: «Ruhig atmen. Stress geht immer vorbei!» Vielleicht hänge ich noch eine Entspannungsübung an (z.B. Stille Minute).

Das **interne Bewertungs- und Belohnungssystem** meldet: «Stress ist nicht gut, die Aufgabe aber wichtig. Wenn ich sie hinter mich bringe, bin ich einen grossen Schritt weiter! Das wird mich freuen!»

Das **Impulskontrollsystem** wird vielleicht aktiv: «Fight or flight» (Kampf oder Flucht) heisst hier die Devise. Manche Menschen rasten aus (Kampf, fight), andere werden ganz ruhig und erstarren förmlich (Flucht, flight). Bei wieder anderen Menschen bleibt es in diesem System ruhig.

Auch das **Bindungssystem** hilft, Herausforderungen zu meistern: «Ich bin nicht allein mit diesem Problem. Andere unterstützen mich.»

Realitäts- und Risikobewertungssystem: Trotz Stress mache ich mir dank Motivation und Bindungssystem Gedanken zur Realitätsprüfung: «Es ist sehr unangenehm, aber nicht unmöglich. Der Stress geht vorüber. Ich will die Herausforderung meistern und steige weder auf Kampf noch Flucht ein. Mit eigener Kraft und der Unterstützung durch andere Menschen schaffe ich es!»

Zusammenfassung Belohnung und Motivation

- Belohnungen müssen möglichst passgenau sein.
- Sich nicht zu viel vorzunehmen hilft, Erfolg zu haben.
- Portionen machen (s. o.)
- Gute Gefühle sollten wir genießen.
- Eine der stärksten Belohnungen ist Erfolg.
- Materielle und immaterielle Belohnungen sind wirksam. Beide müssen mit Bedacht ausgewählt werden.
- Extrinsische und intrinsische Motivation können beim Erlernen der Selbstregulation helfen.
- Aus Verhalten, das belohnt wurde (extrinsische Motivation) kann sich auch intrinsische Motivation entwickeln.

10 Mit Charakterstärken und Positiver Psychologie die Selbstregulation fördern

Die 1998 von Martin Seligman begründete Positive Psychologie hält verschiedene Möglichkeiten bereit, wie wir die Selbstregulation in die eigene Hand nehmen können. Der berühmte Depressionsforscher fand, es sei Zeit, sich dem Positiven zuzuwenden und sich zu fragen, weshalb Menschen *nicht* depressiv werden. Inzwischen untersuchen Tausende von Forschern weltweit Fragen der Positiven Psychologie.

Diese Forschung zeigt, dass man sein Leben *mit* seinen Charakterstärken und *trotz* seiner Schwächen meistert. Im Allgemeinen werden heute 24 Charakterstärken unterschieden. Wer hoffnungsvoll, optimistisch, enthusiastisch, bindungsfähig, neugierig, dankbar, tapfer, authentisch, humorvoll, sozial kompetent und weise durchs Leben geht und über eine gute Selbstregulation verfügt, meistert auch schwierige Situationen. Dass sich diese Eigenschaften in der Forschung als die wichtigsten Charakterstärken für Lebenszufriedenheit herauskristallisierten, erstaunt nicht (Ruch 2014). Auch in den Gesprächen mit erwachsenen Legasthenikern zeigte sich, dass diese Stärken sehr wichtig sind für die Bewältigung der (LRS-bedingten) Lern- und Lebensschwierigkeiten (Brunsting 2016).

Kennenlernen kann man seine Charakterstärken mit dem Test VIA, der in einer Version für Kinder (10 bis 17 Jahre) und einer für Erwachsene auf dem Internet unter www.charakterstaerken.org. zur Verfügung steht. Der VIA wurde von Willibald Ruch und seinem Team (2010) an der Universität Zürich auf Deutsch übersetzt und adaptiert.

Den Blick immer wieder auf diese Charakterstärken zu richten hilft, diese im Bewusstsein zu halten und sie nutzen zu können.

Im Folgenden sollen die elf wichtigsten Charakterstärken vorgestellt werden. Eine kurze Beschreibung und ein paar Schlüsselgedanken oder -fragen helfen, sich diese vorzustellen. So können wir daraus eigene Initiativen entwickeln. Anschließend schauen wir, wie wir mit diesen Charakterstärken Selbstregulation aufbauen können.

Beschreibung und Schlüsselgedanken

Die elf für die Lebenszufriedenheit wichtigsten Charakterstärken:

1. Hoffnung, Optimismus, Zuversicht

Optimistische Menschen sind zukunftsorientiert. Sie bauen darauf, dass Gutes geschehen wird, und sie gehen davon aus, dass sie selbst etwas dafür tun können. Das gibt ihnen Schwung und bringt sie ihren Zielen näher.

Diese Gedanken können helfen, die Selbstregulation zu entwickeln: «Wenn mir etwas nicht gelingt, denke ich daran, dass ich es das nächste Mal schaffen kann. Wenn ich nicht weiß, wie etwas herauskommen wird, stelle ich mir vor, dass es gut kommen wird.»

2. Tatendrang, Enthusiasmus und Begeisterungsfähigkeit

Menschen mit viel Tatendrang haben immer wieder Ideen und verfolgen diese mit Begeisterung. Oft ist ihr Enthusiasmus ansteckend. Sie haben Lust, etwas zu unternehmen, sind begeistert und begeisterungsfähig.

Diese Gedanken können helfen, die Selbstregulation zu entwickeln: «Ich mache gerne tolle Sachen. Ich lasse mich leicht begeistern für interessante Themen, Ideen und Projekte. Ich fühle mich gut, wenn ich etwas tun kann.»

3. Bindungsfähigkeit

Enge und gute Beziehungen sind für bindungsfähige Menschen wichtig. Sich in andere Menschen einfühlen zu können hilft, gute Beziehungen zu haben und umgekehrt helfen gute Bindungen, Selbstregulation aufzubauen (vgl. Mischel 2015, Moffitt 2011).

Diese Gedanken können helfen, die Selbstregulation zu entwickeln: «Ich mache gerne etwas zusammen mit anderen. Ich weiß, dass ich für einen oder mehrere andere Menschen sehr wichtig bin.»

4. Neugier und Wissen

Neugier und Wissen sind sehr hilfreich beim Bewältigen verschiedenster Lebensaufgaben. Neugier zu entwickeln und Wissen aufzubauen braucht aber Zeit und Energie. Je länger wir dieses Ziel verfolgen, desto länger trainieren wir die Selbstregulation.

Diese Gedanken können helfen, die Selbstregulation zu entwickeln: «Ich möchte oft gerne wissen, wie etwas weitergeht. Ich sehe immer wieder interessante Dinge, die ich noch nicht verstehe. Mich nimmt es oft wunder, wie etwas herauskommt.»

5. Durchhaltekraft, Ausdauer und Fleiß

Durchhaltekraft braucht eine gute Selbstregulation, denn viele Tätigkeiten fallen schwer, wenn das Ziel nur langsam näher rückt. Wie Duckworth & Seligman zeigen, ist Durchhaltekraft wichtiger für den Schulerfolg als Intelligenz (2008).

Leonardo da Vinci, Einstein und viele andere berühmte Menschen haben ihre Ziele nicht über Nacht erreicht, sondern sie engagierten sich über Jahre mit großer Durchhaltekraft für diese und trainierten dabei ihre Selbstregulation.

Diese Gedanken können helfen, die Selbstregulation zu entwickeln: «Ich schaffe, was ich will, wenn ich mich nur richtig anstrenge. Ich halte durch, auch wenn es manchmal schwerfällt und ich freue mich, wenn ich es geschafft habe.»

6. Dankbarkeit

Dankbarkeit kann sich auf Erhaltenes und auf selbst Erreichtes beziehen. Sie kann sich auf andere Menschen, das Schicksal, die Natur oder anderes richten. Sie hilft, Ziele wie eine gute Selbstregulation leichter zu erreichen. Wenn man dankbar ist für jeden gelungenen Schritt hin zu einer guten Selbstregulation, kommt man dem Ziel fast unmerklich näher.

Diese Gedanken können helfen, die Selbstregulation zu entwickeln: «Ich finde im Leben jeden Tag etwas, wofür ich dankbar bin. Ich bin dankbar, dass mir das Leben so viel Gutes gebracht hat. Ich bin dankbar, dass mir manches immer besser gelingt.»

7. Humor und Verspieltheit

Humorvolle Menschen finden immer wieder einen Grund zum Lachen. Sie lachen gern und oft und meistern auch den Weg zu einer guten Selbstregulation besser als humorlose Menschen. Vielleicht habe ich unüberhörbar die Türe zugeknallt, obwohl ich mir vorgenommen hatte, erst bis zehn zu zählen (vorwärts, rückwärts und in allen mir bekannten Sprachen!) ehe ich explodieren wollte. Wenn ich es schaffe, mir nicht böse zu sein und mit humorvoller Leichtigkeit meinen Plan weiterzuverfolgen, kann ich meine Selbstregulation aufbauen. Übrigens können Menschen Humor trainieren (Ruch 2014).

Diese Gedanken können helfen, die Selbstregulation zu entwickeln: «Es gibt im Leben viele Gelegenheiten zum Lachen. Ich freue mich, wenn ich etwas zu lachen habe. Wenn mir etwas nicht gelingt, versuche ich darüber zu schmunzeln, anstatt mir deswegen böse zu sein.»

8. Tapferkeit und Mut

Tapfere Menschen sind in der Lage, sich schwierigen Situationen zu stellen und ihnen mutig in die Augen zu schauen. Mut kann bedeuten, zuzugeben, dass man etwas Wichtiges vergessen hat, anstatt zu schummeln. Tapferkeit kann aber auch heißen, schwierige Lebenssituationen (z. B. Trennung der Eltern, Krankheit) durchzustehen. Mut und Tapferkeit kann man sehr gut brauchen, um seine Selbstregulation zu stärken.

Diese Gedanken können helfen, die Selbstregulation zu entwickeln: «Ich wage etwas, auch wenn ich nicht genau weiß, was dabei herauskommen wird. Wenn andere mich anrufen und mit mir abmachen wollen, ich aber noch lernen sollte, sage ich mutig ab und mache an einem anderen Tag ab. Wenn ich am liebsten aufgeben möchte, rede ich mir gut zu. Ich mache mir Mut und halte durch.»

9. Soziale Intelligenz und Kompetenz

Gute soziale Fähigkeiten sind überall im Leben sehr gefragt. Sie helfen, das Leben zu meistern und die Selbstregulation zu verbessern. Personale Intelligenz («So bin ich!») und emotionale Intelligenz (Wissen um seine Gefühle, Selbstwahrnehmung) gehören nach Seligman zu dieser Charakterstärke.

Diese Gedanken können helfen, die Selbstregulation zu entwickeln: «Ich gehöre gerne einer Gruppe an und mache etwas mit den anderen. Ich kann mich in der Gruppe so verhalten, dass es für mich und die anderen gut ist. Ich verstehe schnell, was los ist, wenn irgendwo zwischen Menschen etwas passiert. Wenn gestritten wird, habe ich oft Ideen, was man tun könnte, um sich wieder zu vertragen.»

10. Reife und Weitblick

Menschen, die ihre Lebensaufgaben in Anbetracht ihres Alters gut lösen und wissen, wie sie sich und anderen helfen können, sind reife Menschen. Menschen, die wissen, was im Leben wichtig ist und die über sich und das Leben in altersentsprechender Art und Weise nachdenken können, sind reife Menschen und mit Weitblick.

Diese Gedanken können helfen, die Selbstregulation zu entwickeln: «Ich weiß, worauf es im Leben ankommt und was nicht so wichtig ist. Ich denke gerne über das Leben nach. Ich denke gern über verschiedene Themen nach. Ich denke gern nach, ehe ich etwas mache.»

11. Selbstregulation

Die Studien von Mischel und Moffitt zeigen, dass Selbstregulation sehr wichtig ist. In der Untersuchung von Ruch liegt sie auf Platz 11 (2014).

Diese Gedanken können helfen, die Selbstregulation zu entwickeln: «Wenn mich etwas nervt, warte ich erst einen Moment, bevor ich reagiere. Dinge, die ich nicht erledigen mag, aber erledigen muss, schiebe ich nicht lange auf. Ich freue mich, wenn ich das geschafft habe.»

Mit Charakterstärken die Selbstregulation aufbauen

Wenn wir Selbstregulation fördern wollen, können wir mit einzelnen Stärken arbeiten. Man kann jede der elf Stärken wählen: Alles tut gut – und zwar allen. Ein solcher Weg ist daher auch gut geeignet für einen Klasseneinsatz.

Gerne wird man jedoch mit den wichtigsten Charakterstärken beginnen. In der praktischen Arbeit können Geschichten sehr hilfreich sein. In alten und neuen Märchen kommen die Charakterstärken immer wieder vor (s. a. Kapitel 5 Geschichten, Bilder und Fantasien). Man kann solche Geschichten auch in sich selbst finden. Aus der Ruhe und in der Achtsamkeit tauchen sie meist fast von alleine auf (s. a. Abschnitt 4 Achtsamkeit).

Wir können Geschichten miteinander austauschen. Das stärkt das Bindungssystem, macht Freude und stimuliert das Belohnungssystem. Gleichzeitig wird durch das damit verbundene Erleben und das Gefühl die entsprechende Charakterstärke aufgebaut.

Tagebücher, Sammlungen und Unterrichtsgespräche helfen, sich mit den entsprechenden Stärken auseinanderzusetzen und sie zu kultivieren.

Aber auch Impulse wie Gruppenarbeiten, Quiz, Fragen und Interviews können helfen, mithilfe der Charakterstärken Selbstregulation aufzubauen. In Brunsting (2018) finden sich viele Ideen für Aktivitäten zum Aufbau der Selbstregulation durch Charakterstärken.

Wir können Geschichten lesen, vorlesen, hören, spielen, zeichnen oder schreiben. Wir können forschen: «Was sagen meine Eltern dazu? Was haben sie erlebt?» – Und wir können uns selbst und anderen Fragen dazu stellen.

Daniel, 11 Jahre

Daniel ist 11 Jahre alt, hochbegabt und hat eine ADHS- und eine ASS-Diagnose (Autismus-Spektrum-Störung). Er besucht eine Privatschule, weil er hie und da massiv ausrastet. Dann können Stühle durch das Klassenzimmer fliegen. Dass andere Kinder sich dadurch bedroht fühlen und Angst vor Daniel haben, kann er sich nicht vorstellen. Sein einziger Freund in der Schule hat ihm nach dem letzten Vorfall seine Freundschaft gekündigt. Die meisten Menschen erleben Daniel als sehr wenig empathisch. Ich wollte deshalb mit Daniel am Gefühl der Dankbarkeit arbeiten. Ich machte mich darauf gefasst, dass es für ihn wohl eine Herausforderung sein würde, weil er wenig Zugang zu seinen Gefühlen hat. Jedenfalls zeigt er nach übereinstimmender Beobachtung von Familie und Schule – abgesehen von seinen Ausrastern – nur sehr selten Gefühle. Weder äußert er sie noch nimmt man sie nonverbal wahr. Im Folgenden ein kurzer Ausschnitt aus einer Therapiestunde.

MB *(ruhig, langsam) Setze dich aufrecht und ruhig hin, schließe deine Augen halb oder ganz und atme ruhig ein und aus … Meist haben wir viele Gründe, um dankbar zu sein. Wir denken aber nicht darüber nach und bemerken es meist gar nicht. Nun wollen wir jeder für sich herausfinden, wofür wir dankbar sind. Wir schreiben es auf diese Liste …*

Daniel *Hm?*

MB *Ich mache das jetzt auch. Also ich schreibe: Gesundheit …*

Daniel *Das kann ich nicht schreiben! Ich habe ja ein Hörgerät …*

MB *Oh ja, stimmt. Vielleicht gibt es trotzdem etwas, wofür du dankbar bist …*

Daniel schreibt und hat in wenigen Minuten viele Ideen: Eltern, Bruder, Oma, Opa, Haus, Garten usw. Es gelingt ihm überraschend gut, auf diese emotionale Ebene einzusteigen. Er ist ruhig, liest mir vor und begründet, was er warum aufgeschrieben hat. Anschließend erzählt er, dass sein einziger Freund nach seinem letzten Ausraster nicht mehr sein Freund sein wolle. Er hoffe, das werde wieder gut. Ein ganz wenig spürt man dabei seine Gefühle der Trauer und der Hoffnung. Das Setting, eine Liste zu schreiben (also nicht sprechen zu müssen) hat ihm den Zugang zu seinen Gefühlen wohl erleichtert. Jedenfalls wird es ihm hier möglich, mir diese traurige Geschichte, die ich durch seine Eltern bereits kenne, zu erzählen.

Eine solche Dankbarkeitsliste kann man auch mit der Klasse, der Gruppe oder in der Familie machen. Jede Person schreibt ihre Ideen auf ein Blatt (Selbst-Beruhigungssystem). Wenn man sie zu einer Reihe verbindet und aufhängt, kann man auch etwas über die Dankbarkeit der anderen erfahren (Bindungssystem) und sich noch längere Zeit daran freuen (Belohnungssystem).

In dieser Art lässt sich mit jeder Charakterstärke arbeiten. Sich dabei auf diese Stärke zu konzentrieren (während des Suchens und Notierens), sich mit den anderen auszutauschen und das Gefundene vielleicht als zusammengesetztes Band aufzuhängen, macht Freude. Man kann sein Blatt auch ins Lerntagebuch kleben, um es immer wieder zur Verfügung zu haben, wenn man es möchte.

Grundsysteme der Selbstregulation und Charakterstärken

Auch die Grundsysteme der Selbstregulation werden durch die Arbeit mit Charakterstärken der Positiven Psychologie stimuliert.

Das Stresssystem wird aktiviert durch eine Aufgabe oder Frage: «Ich bin gespannt, was dabei herauskommt!» (Charakterstärken Neugier, Hoffnung), aber auch durch den Aufbau einer Geschichte, die meist auf eine Lösung hinsteuert: «Es nimmt mich wunder, wie sie ausgeht!» Das Muster «Spannung – Entspannung» ist das Grundmuster der meisten Geschichten.

Das Selbstberuhigungssystem kommt zum Einsatz, um die Spannung in Grenzen zu halten (Charakterstärken Hoffnung, Selbstregulation): «Ich stelle mir vor, dass es gut herauskommt.»

Das interne Bewertungs- und Belohnungssystem: «Schön, wenn es klappt. Das macht so richtig Freude. Da bemühe ich mich gern wieder, um so viel Freude zu haben.» (Charakterstärken Hoffnung, Tatendrang und Begeisterungsfähigkeit, Dankbarkeit, Reife und Selbstregulation).

Das Impulskontrollsystem: «Wenn mich etwas nervt, versuche ich mich abzulenken.»

Das Bindungssystem: «Ich weiß, dass ich für jemanden sehr wichtig bin. Dafür bin ich dankbar, denn das hilft mir ganz oft in meinem Leben!» (Charakterstärken Bindungsfähigkeit, Dankbarkeit, soziale Intelligenz, Reife).

Das Realitäts- und Risikobewertungssystem: «Aha, wenn ich durchhalte und mich nicht verrückt mache, geht es besser. Es ist ja kein Weltuntergang, einmal etwas nicht so gut zu machen oder halt einmal doch auszurasten.» (Charakterstärken Hoffnung, Tatendrang, Durchhaltekraft, Tapferkeit und Mut, Reife, Selbstregulation).

Und noch ein paar Tricks zum Schluss:

1. Ich kann mir meine Stärken bewusst machen: «Ich bin optimistisch: ich glaube daran, dass ich es schaffe!»
2. Ich kann mir bei der Arbeit (Unterricht oder Hausaufgaben) meine Stärken bewusst machen und sie zu Lernhelfern machen: «Ich bin neugierig. Also werde ich das bestimmt herausfinden!»
3. Ich kann meine Stärken hervorholen, wenn es schwierig wird: «Ich bin tapfer. Ich habe schon anderes geschafft. Ich kann durchhalten!»
4. Auch Wissen und Neugier können helfen: «Ich weiß, was ich schon gut gemacht habe und denke immer wieder daran. So kann ich das Gefühl leichter aus meinem Gedächtnis holen.»
5. Die Charakterstärke Bindungsfähigkeit lehrt mich: «Wenn etwas schwierig ist, kann ich Helfer holen. Andere können mir helfen.»
6. Die Charakterstäke Durchhaltekraft zeigt mir: «Wenn etwas schwierig ist, denke ich daran, was ich schon alles geschafft habe, bleibe dran und gebe nicht auf!»
7. Humor und Verspieltheit können Verbündete sein: «Wenn etwas schwierig und mühsam ist, kann ich mir vorstellen, aus 3000 Meter Höhe darauf herunterzublicken und zu sehen, dass das eine winzige Sache ist. Ich kann sehen, wie komisch sich alles im Zeitraffer oder in Zeitlupe bewegt. Das ist witzig.»
8. Auch Dankbarkeit kann mir helfen: «Ich denke, wie froh und dankbar ich bin, dass ich so etwas Ähnliches schon einmal geschafft habe!»

Zusammenfassung

- Wir meistern unser Leben mithilfe unserer Charakterstärken und trotz unserer Schwächen.
- Auch beim Lernen und Trainieren der Selbstregulation helfen uns unsere Charakterstärken.
- Wir können für uns und für unsere Kinder oder Jugendlichen eine Charakterstärke als Begleiter für einen Tag/eine Woche auswählen.
- Geschichten, Gespräche, Lerntagebücher und Listen dienen als Tankstellen für Charakterstärken.

11 Sport, Musik und andere ernsthafte Hobbys

Nicht weniger als 10 000 Stunden müsse man üben, bis man ein guter Musiker sei, sagen Neurowissenschaftler. Zehn Jahre müsse man lernen, bis man ein Experte auf einem Gebiet sei, schreibt Martin Korte (2017). Schön und gut. Aber: wie viele Stunden übt man wohl das Lesen, Rechtschreiben oder die Grundlagen der Mathematik? Üben, das wissen alle, die schon einmal etwas übten, ist alles andere als immer lustig. Manchmal erfordert das Üben mehr Selbstregulation, als man aktuell zur Verfügung hat.

Sport und Sportunterricht haben sich als gute Möglichkeiten erwiesen, Selbstregulation und andere exekutive Funktionen zu trainieren (Kubesch 2012, 2016). Dies gilt sicherlich nicht zuletzt deswegen, weil Sport ein Muntermacher ist, der das Gehirn mit ausreichend sauerstoffreichem Blut versorgt und dazu meist auch noch Spaß macht: Das sind ausgezeichnete Voraussetzungen für das Lernen – auch für das Lernen von Selbstregulation. Nach Roebers et al. (2014) reicht es allerdings nicht, den Sport nur auszuüben: Wer exekutive Funktionen und Selbstregulation trainieren will, muss auch bewusst darüber reflektieren. Fragen wie: «Was habe ich da soeben gelernt, trainiert, gemerkt oder geübt?» helfen, die motorischen Handlungen «kognitiv aufzuladen» (Roebers).

Auch Musik und andere anspruchsvolle Hobbys (z. B. naturwissenschaftliche oder geschichtliche Themen erforschen, Schreiben, eine Seifenkiste bauen), haben die Kraft, uns Selbstregulation trainieren zu lassen. Denn eine solche Tätigkeit an sich macht Freude und hilft so, auch das Üben anzupacken.

Strebt man ein Ziel an (etwas besser beherrschen zu wollen), ist die Motivation kein Problem, denn die Freude an der Tätigkeit oder die Vorfreude auf das Erreichen eines selbstgesteckten Ziels bringt uns mit Leichtigkeit voran.

Jeder Mensch, der Sport, Musik oder ein anderes Hobby ernsthaft betreibt, weiß, dass dies theoretisch stimmt, praktisch aber auch ganz anders sein kann. Ab und zu keine Lust aufs Trainieren zu haben ist eine Realität, die jeder kennt. Spätestens dann ist eine gute Selbstregulation gefragt. Gangbare Wege dazu gibt es in diesem Buch reichlich zu entdecken. Viele davon können leicht im Sport, in der Musik oder bei jedem anderen ernsthaft betriebenen Hobby angewendet werden. In nur einem Jahr hat man Tausende Gelegenheiten, Selbstregulation zu trainieren und anzuwenden. Verknüpft mit guten Gefühlen, die daher kommen, dass man das vielleicht gerade etwas anstrengende Hobby ja trotzdem nach wie vor sehr gerne mag, gelingt einem dies oft ziemlich anstrengungslos.

Ein Selbstgespräch (innerer Dialog), d. h. sich immer wieder Fragen wie die folgenden zu stellen, kann sehr hilfreich sein:

Was habe ich soeben gelernt?	*Durchzuhalten, auch wenn ich müde bin.*
Was habe ich trainiert?	*Durchzubeißen, auch wenn es schwerfällt.*
Was habe ich gemerkt?	*Plötzlich geht es wieder besser.*
Was habe ich geübt?	*Goals zu schießen* *Den Korb zu treffen* *Den Tennisball zu schneiden, so dass mein Gegner ihn nicht erwischt.* *Den langsamen Satz der Mozart-Sonate* *Ein Lied aus der Hitparade* *Meinen Plan zu verfolgen* *Mich zu konzentrieren* *Nicht aufzugeben* *usw.*

Hobbys und die Selbstregulationssysteme nach Roth & Stüber

Stressverarbeitungssystem: Musik oder Sport hilft, Stress abzubauen. Zwar wird das Stresssystem auch angeregt, denn man denkt an den wichtigen Match oder ans nächste Vorspielen. Man lernt so jedoch auch, Stress auszuhalten. Er kommt und geht vorüber. Stress kann uns zu guten Leistungen zu verhelfen – wenn er nicht zu stark ist.

Internes Beruhigungssystem: Musik, Sport oder andere anspruchsvolle Hobbys können beruhigen ***und*** anregen. Der Kontrast zwischen Anspannung und Entspannung ist hier besonders gut spürbar. Das Gefühl, nach dem Stress wieder Ruhe zu spüren, wird vom Körper als wohltuend erlebt und wirkt als starke Belohnung.

Internes Bewertungs- und Belohnungssystem: Wir spüren, dass uns die Tätigkeit als solche guttut und diese positive Bewertung wirkt ebenfalls wie eine Belohnung. Dies wird zuerst im limbischen System registriert (Belohnungssystem). Es kann nach «oben» gemeldet (Frontalhirn) und uns so bewusst werden. Daraus lernen wir, wie wir uns eine Belohnung verschaffen können. Beim nächsten Einsatz erwarten wir nach überstandenem Stress wiederum eine Belohnung. Das Belohnungserwartungssystem hilft uns, unsere Motivation weiterzuentwickeln.

Impulskontrollsystem: Dem Impuls zur kurzfristigen Bedürfnisbefriedigung (z. B. rumhängen und nichts tun) zu widerstehen, ist in der Regel nicht so schwierig, wenn wir einmal erfahren haben, dass die Belohnung kommen wird, wir uns darüber sehr freuen werden und außerdem die Tätigkeit ohnehin sehr gerne mögen. Viele positive

Erfahrungen helfen, das Impulskontrollsystem aufzubauen und zu stärken. Was wir im Sport oder im Hobby trainiert haben, können wir auf andere Bereiche übertragen. Wir ziehen Analogieschlüsse («Aha, beim Wörter lernen ist es fast wie beim Klavier spielen: Wenn ich die Wörter gut geübt habe, kann ich sie gut und bekomme als Belohnung mehr Freude an der Sprache und vielleicht auch eine gute Note!»).

Bindungssystem: Wenn wir einen Mannschaftssport betreiben oder in einem Orchester spielen, liegt es auf der Hand, dass das Bindungssystem von großer Bedeutung ist. Aber auch wenn wir Sport oder Musik ganz allein betreiben, kommt das Bindungssystem zum Einsatz, etwa durch Eltern oder Musiklehrer, die uns auf dem Weg begleiten oder durch das Publikum beim nächsten Vorspiel. Wir möchten uns selbst und den anderen zeigen, dass wir es gut können. Das Bindungssystem kann uns also auch hier unterstützen, die Selbstregulation zu entwickeln.

Realitäts- und Risikobewertungssystem: Dieses bewussteste der sechs Selbstregulationssysteme hilft uns dabei, Erfahrungen zu machen und steuert unser Denken und Formulieren. Wir können auch lernen, bei Bedarf auf sie zuzugreifen und diese bewusst einzusetzen. Selbstgespräche können auch hier sehr hilfreich sein:

«Wenn man etwas gern tut, geht es ganz leicht!»

«Es gibt immer Höhen und Tiefen. Wenn ich heute auch nicht so große Lust habe, so werde ich morgen wieder mit Freude daran sein.»

«Aus Tiefen kann man herauskommen, wenn man einfach weiter macht und nicht aufgibt.»

«Wer aufgibt, hat verloren – wer es versucht, kann es schaffen.»

«Wie war das denn damals beim letzten Vorspiel/Match, als es mir so gut gelungen ist?» (Hier geht es darum, Höhenflüge zu kultivieren, d. h., sie in Erinnerung zu behalten, um mit ihrer Hilfe Tiefen zu überwinden).

«Nur eine fünf auf der Zehnerskala meiner Freuden? Das geht wieder vorbei. Morgen ist es vielleicht schon wieder eine 9.»

«Keine Lust aufs Training? Was mache ich jetzt? Ich suche meinen besten Trick, um mich zu überlisten!»

Die Tabelle zeigt mögliche Gedanken, die in schwierigen Übungs- oder Trainingssituationen helfen können.

	Schon einmal gedacht?	Das könnte ich einmal Denken ...
«Augen zu und durch!»		
«Das habe ich schon öfter überstanden!»		
«Das geht vorbei.» – «Wär nöd lugglaht, gwünnt!»		
«Ich belohne mich nachher.»		
«Ich stelle mir vor, wie cool es ist, wenn ich den Ball ins Tor schieße!» – «Ich stelle mir vor, wie toll es sein wird, das Stück schön und ohne Fehler vorzuspielen.»		
«Das kenne ich, es gehört auch zu mir. Ich weiß mir zu helfen.»		
«Heute genehmige ich mir ausnahmsweise eine Auszeit. Ich bin dann morgen wieder voll dabei.»		

Wie wir hier sehen, sind auch Musik, Sport und andere ernsthafte Hobbys wichtige Trainingsfelder für die Entwicklung der Selbstregulation. Es gilt nur, daran zu denken, hinzuschauen und dies wahrzunehmen. Wenn wir die Selbstregulation (oder andere exekutive Funktionen) zur Sprache bringen, können wir unseren Schülerinnen und Schülern helfen, sich wichtige Erfahrungen *bewusst* zu machen. Daraus können Erfahrungen werden, die sie anschließend mitnehmen in den Alltag der Schule und des Lebens.

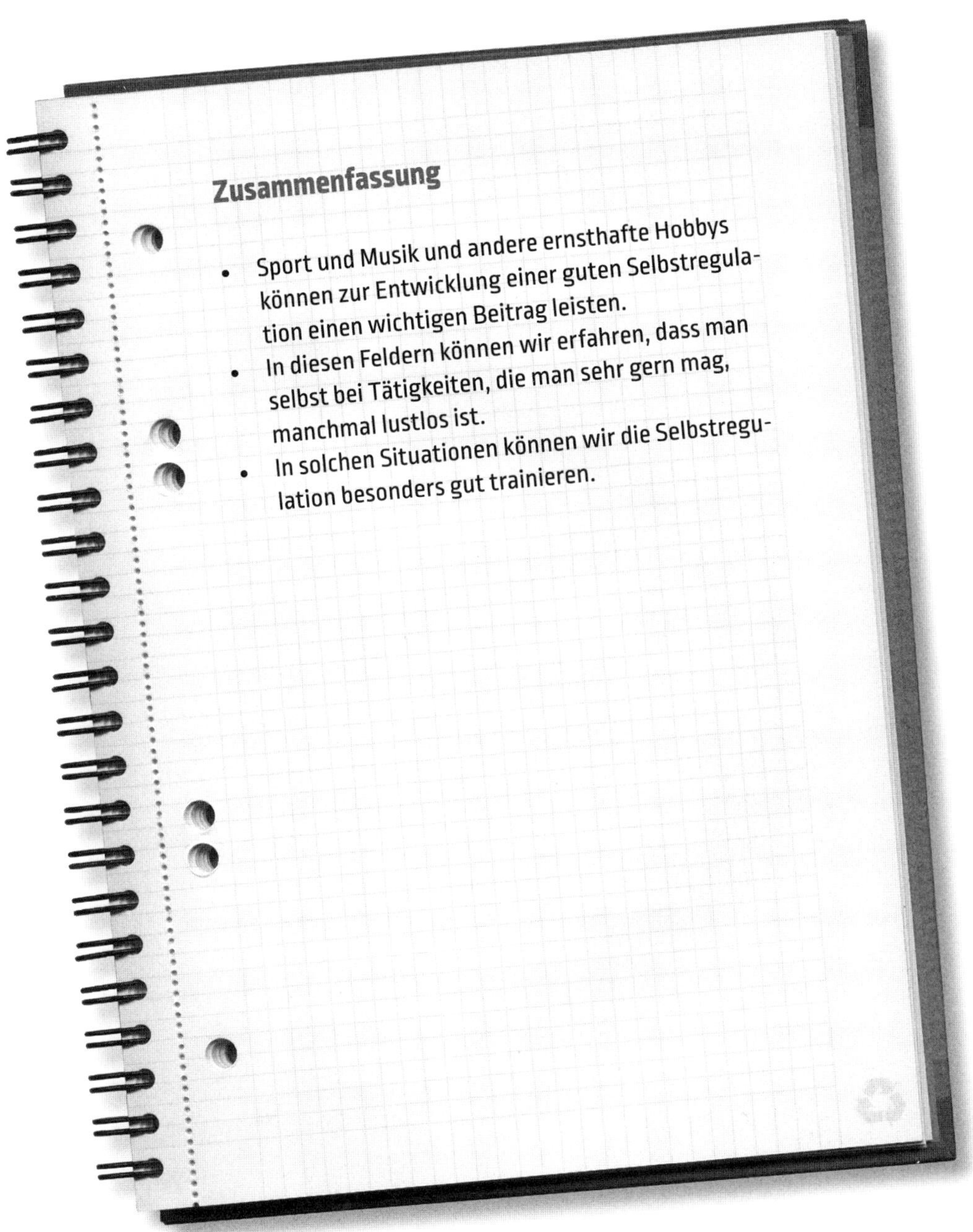
Zusammenfassung
• Sport und Musik und andere ernsthafte Hobbys können zur Entwicklung einer guten Selbstregulation einen wichtigen Beitrag leisten.
• In diesen Feldern können wir erfahren, dass man selbst bei Tätigkeiten, die man sehr gern mag, manchmal lustlos ist.
• In solchen Situationen können wir die Selbstregulation besonders gut trainieren.

12 Elektronische Medien und Selbstregulation

Wer hat noch nie erlebt, dass eine intakte Selbstregulation von der Elektronik nicht nur hart auf die Probe gestellt, sondern förmlich lahmgelegt wurde und der Autopilot den Steuerknüppel übernahm? Wer ist noch nie beim Zappen, Surfen, auf Instagram, Facebook oder YouTube hängengeblieben? Es läuft immer gleich ab: Die Zeit ist weg und das, was man hätte machen wollen oder sollen, hat nicht stattgefunden. Nun sind Erwachsene ja punkto Selbstregulation in der Regel besser unterwegs als Kinder oder Jugendliche, weil der Frontallappen und die gesammelte Lebenserfahrung schon viel bewirkt haben. Trotzdem überlassen sie Kinder und Jugendliche häufig ihrem Schicksal und lassen sie selbst bestimmen, wie sie die Elektronik mit Schularbeiten und anderen täglichen Pflichten in Einklang bringen.

Einige aktuelle Fakten

«Bildschirmzeiten»

Die KIM-Studie (Kindheit-Internet-Medien-Studie des deutschen medienpädagogischen Forschungsverbundes Südwest) zeigte 2016, dass 6- bis 7-Jährige 119 Minuten, 8- bis 9-Jährige 157 Minuten, 10- bis 11-Jährige 198 Minuten und 12- bis 13-Jährige 261 Minuten pro Tag vor Bildschirmen verbringen. Das ist kostbare Lebenszeit, die nicht mit Bewegung, sozialen Kontakten, Lesen und Tüfteln und auch nicht mit Nachdenken oder Gestalten, Sport oder Musik verbracht wird. Es ist viel Zeit, in der kein Aufbau von Selbstregulation stattfindet und in der sich nur der Autopilot austobt.

Experten gehen davon aus, dass mindestens eine Halbierung der Bildschirmzeiten nötig ist, nämlich auf circa 30 Minuten für 4- bis 6-Jährige, auf 1,5 Stunden für 7- bis 12-Jährige und auf gut 2 Stunden für 13- bis 18-Jährige (Bitzer, Bleckmann & Mössle 2014).

In einer großen Längsschnittstudie konnten Twenge et al. (2018) zeigen, dass Kinder zwischen 8 und 14 Jahren in den vergangenen Jahren zunehmend unglücklicher wurden. Wer am meisten Zeit vor dem Bildschirm verbrachte, war am unglücklichsten. Leider sind Kinder und Jugendliche aber nicht in der Lage, diesen Zusammenhang zu spüren und können aus eigener Kraft auch nichts daran ändern, wenn man sie sich selbst überlässt.

Elterliche Bildschirmzeiten

Laut Bleckmann und Leipner (2018, S. 214) verbringen Kinder etwa halb so viel Zeit vor Bildschirmen wie ihre Eltern, in bildungsnahen Familien sind es 71 Minuten, in bildungsfernen 140 Minuten, während ihre Eltern es durchschnittlich während 186 bzw. 260 Minuten waren – und das bereits 2003! Es lohnt sich also für Eltern, aber auch für Lehrpersonen, ihren eigenen Bildschirmumgang kritisch zu beobachten.

Allerdings scheint heute schon das elterliche Smartphone am Kinderwagen für die Kinder nachteilig zu sein, weil die Eltern dadurch abgelenkt sind. Kinder von Eltern, die das Smartphone sehr stark nutzen, zeigten nach einer Untersuchung deutscher Kinderärzte bereits im Alter von bis zu 12 Monaten Anzeichen von Bindungsstörungen (Bleckmann & Leipner 2018, S. 216).

Bildschirm und Stress

Bereits 2005 berichtete Spitzer von einer Untersuchung, mit der man erfassen wollte, wann Jugendliche gestresst sind. Man erhob verschiedene mit Stress in Zusammenhang stehende physiologische Daten und kontaktierte die Jugendlichen elektronisch zu verschiedenen Zeitpunkten während der Schule sowie in ihrer Freizeit. Das Resultat war, dass sie sich in der Schule als gestresst erlebten und in der Freizeit als entspannt, während die physiologischen Daten das Gegenteil zeigten: Die Jugendlichen waren in der Freizeit gestresst (oft an Bildschirmen) und in der Schule entspannt (müde). Jugendliche scheinen diesen Stress nicht wirklich wahrzunehmen. Trotzdem ist davon auszugehen, dass viel Bildschirmzeit viel Stress bedeuten kann, je nachdem, was man am Bildschirm genau tut.

Bildschirm und kognitive Kapazität

Die bereits geschilderte Studie mit Erwachsenen zeigt, dass schon ein auf dem Tisch liegendes Handy die kognitiven Leistungen beeinträchtigt. Wenn es sich in einer Tasche befindet, ist es weniger schlimm – am besten ist es jedoch, wenn es in einem anderen Raum liegt (Ward et al. 2017). Offenbar braucht es schon Gehirnkapazität, das Handy nicht zu beachten. Es ist anzunehmen, dass diese Effekte bei Kindern und Jugendlichen noch ausgeprägter sind, weil in diesem Alter der Frontallappen und mit ihm die Selbstregulation weniger stark entwickelt ist, es also mehr Aktivität braucht, um das Handy nicht zu beachten. Bleckmann und Leipner berichten, dass berühmte «Computerväter» wie Bill Gates und Steve Jobs ihren Kindern ein Smartphone erst mit 14 Jahren bewilligten, um sie zu schützen vor den Gefahren im Netz und wohl auch, um sie vor sich selbst zu schützen. Ihre Autopiloten sollten nicht zu viel Raum bekommen. 2018 haben gemäß Bleckmann und Leipner jedoch 50 Prozent der Kinder schon am Ende der Grundschulzeit ein Smartphone – in bildungsfernen Schichten liegt die Rate noch deutlich höher.

Elektronische Medien und Neurowissenschaften

Das Gehirn lernt das am besten, was es am häufigsten tut. Gamen wir viel, kann es gut gamen, lernt aber kaum Selbstregulation oder Frustrationsbewältigung. Das Belohnungszentrum wird bei elektronischen Medien (v. a. beim Gamen) sehr stark stimuliert.

Wenn das Gehirn keine Gelegenheit hat, Frustration zu bewältigen, kann es dies auch nicht lernen. Eltern, die ihren Kindern Frustration ersparen, behindern die Entwicklung des Frontallappens, meint Joachim Bauer: «Was die Einübung der Fähigkeit des Kindes, innezuhalten, sabotiert und der Reifung seines präfrontalen Cortex schadet, ist, wenn Eltern bei jedem Protest oder jeder Szene, die ihnen das Kind oder der Jugendliche bereitet, nachgeben» (Bauer nach Bleckmann & Leipner 2017, S. 232). Eltern, die ihren Kindern jede Frustration ersparen, behindern also die Entwicklung des Frontallappens.

Jugendliche schlafen in der Schule (fast oder tatsächlich) ein, weil sie zu lange auf Social Media oder mit Gamen unterwegs waren. Ein müdes Gehirn verfügt über eine viel schlechtere Selbstregulation und «wir können uns schlecht konzentrieren und lernen. Im Schlaf wird Gelerntes aus dem Kurzzeitgedächtnis in das Langzeitgedächtnis überführt. Unterbleibt dies, haben wir zwar das Gelernte kurze Zeit zur Verfügung […] aber nicht für längere Zeit.» (Brunsting in Leipner & Bleckmann 2018, S. 231). Noch schwerer wiegt in unserem Zusammenhang, dass wir uns in diesem Zustand auch nicht zum Lernen motivieren können, weil die in müdem Zustand viel schlechtere Selbstregulation dies gar nicht erlaubt.

Eltern befürchten häufig, ihr Kind würde gemobbt, wenn es kein Smartphone hätte und geben dem Wunsch des Kindes nach. Wie die Forschung nun aber zeigt, werden Kinder zuerst in der echten Welt gemobbt (Alvarez-Garcia et al. 2017, zitiert nach Bleckmann & Leipner 2018, S. 234) und erst dann in der Welt der Smartphones. Mobbing über Smartphones und Social Media zeigt bekanntlich sehr schlimme Auswüchse. Fazit: Ohne Smartphone kein Smartphone-Mobbing.

Weniger elektronische Geräte bedeuten weniger Herausforderungen für die Selbstregulation und können ein wichtiger Schritt weg vom Autopiloten sein. Auch eine gut durchdachte regulierte Nutzung hilft beim Aufbau einer besseren Selbstregulation und ist nach Bleckmann und Leipner (2018) fast schon ein Ticket für ein gutes späteres Leben.

Mit Frust umzugehen lernt das Gehirn besser im richtigen Leben. Im elektronischen Leben ist alles auf sofortiges Feedback und sofortige Belohnung ausgerichtet – und Frustration ist eben gerade keine Belohnung, sondern ein unvermeidlicher Bestandteil des Lebens.

Vorsicht vor gefährlichen Spielen, die harmlos daherkommen

Gefährlich sind nicht nur blutreiche «Ballerspiele», sondern auch Spiele, die mit anderen gespielt werden, weil man die anderen ja nicht im Stich lassen kann. Echtzeitspiele, die auch dann weitergehen, wenn man gerade nicht selber spielt, sind weniger harmlos als sie aussehen. Verdorren in einem Spiel die Pflanzen, wenn man zu lange nicht gespielt hat oder kann in Kampfspielen die eigene Flotte versenkt werden während man schläft, verführt das manche Kinder und Jugendliche dazu, nachts den Wecker zu stellen und nachzuschauen, ob alles in Ordnung ist. Aber auch Spiele, die zu Käufen verführen und Glücksspiele sind sehr gefährlich, weil man leider damit das Falsche lernt.

«Elektronik-Diät» zur Stärkung der Selbstregulation

Eine interessante Praxiserfahrung, an die ich mich erinnern kann, stammt aus den 1980er-Jahren. Anna war in der 1. Klasse der Realschule gelandet, hatte aber die Option, nach einem Jahr in die Sekundarschule aufzusteigen, wenn sie gute Leistungen zeigen würde. Kurz vor Weihnachten kam aus der Schule die Nachricht, dass es entgegen der Annahme wohl nicht klappen würde, weil sie zu wenig gute Leistungen bringe. Die Eltern dachten sich eine «Bildschirmdiät» aus, was damals noch sehr exotisch war: Ihre drei Kinder durften pro Tag 15 Minuten fernsehen und am Wochenende einen Film schauen. Die Eltern engagierten sich und spielten in der ersten Zeit verschiedene Brettspiele, was allen Beteiligten sehr gut gefiel. Die Kinder nutzten die bewilligte Fernseh-Zeit nicht immer, weil sie fanden, 15 Minuten seien uninteressant. Dafür unternahmen sie wieder vermehrt andere Aktivitäten, fuhren Fahrrad und verabredeten sich mit Kollegen. Anna wurde sogar beim Lernen «ertappt». Als die Mutter fragte, warum sie lerne, meinte Anna, sie habe sich gelangweilt. Sie hätte gerade keine andere Idee gehabt und gedacht, sie könnte lernen. Da bekanntlich mit dem Lernen häufig die Lernfreude kommt (wie mit dem Essen der Appetit), klappte es im Sommer mit Annas Aufstieg. Alle freuten sich über die ebenso wirkungsvolle wie gute Idee dieser Eltern.

Auch heute höre ich oft von Kindern und Jugendlichem, sie würden dann lernen, wenn sie nichts Besseres zu tun hätten. Heute gibt es noch viel mehr interessante

Beschäftigungsmöglichkeiten, Elektronik und andere Ablenkungen als zu Annas Zeiten und für das Lernen bleibt wenig Zeit übrig. Umso wichtiger ist es deshalb, über eine gute Selbstregulation zu verfügen, mit der man diese Klippen überwinden kann. Wer seinen Autopilot in die Schranken weisen kann, hat bessere Aussichten auf Lern- und Lebenserfolg.

Bildschirmfreie Zeiten und Zonen

Es gilt, Zeiten zu schaffen, in denen die Selbstregulation überhaupt erst in Erscheinung treten kann, was bekanntlich in der Gegenwart von Bildschirmen schlecht gelingen kann. Wir können uns verschiedene Regeln ausdenken, beispielsweise:

- Zwischen 22 und 7 Uhr sind Smartphones ausgeschaltet bzw. sie werden bei den Eltern oder im «Smartphone-Safe» deponiert.
- Am Esstisch gibt es keine Smartphones.
- Ab und zu gelten bildschirmfreie Zeiten für die ganze Familie (s. unten).
- Filtersoftware oder Zeitbegrenzungssoftware wird installiert.

Sich ausschließlich auf hoffentlich vorhandene Selbstregulationsfähigkeiten von Kindern und Jugendlichen zu verlassen ist angesichts des heutigen Wissens um die Wirkung von Bildschirmen allerdings wenig empfehlenswert. Man kann das Thema im Quartier, in der Schulklasse anpacken oder zusammen mit anderen Eltern anpacken und versuchen, einen Konsens zu finden über den Umgang mit Bildschirmen. Mit gegenseitiger Unterstützung kann man viel mehr bewirken. Viele Ideen dazu finden sich in Bleckmann und Leipner (2018).

Experimente

Eine bestimmte Zeit ohne Smartphone oder Elektronik zu leben kann ein spannendes Experiment sein. Der Verein Akzent in Luzern unterstützt Interessierte bei der Durchführung einer elektronikfreien Woche, einer Flimmerpause oder von ähnlichen Aktivitäten. Unterschiedliche Angebote auf der Website (http://www.akzent-luzern.ch/praevention/schule/volksschule/flimmerpause/angebote) können genutzt werden. Seit Jahren veranstalten verschiedene Schulen eine solche Woche. Gelegentlich finden diese Experimente den Weg in die Medien. Das ist natürlich sehr erfreulich und kann andere Gruppen dazu motivieren, diese Idee ebenfalls auszuprobieren.

Auf internationaler Ebene *findet jedes Jahr im Frühjahr eine bildschirmfreie Woche statt* (www.screenfree.org/). *Kinder, Familien, ganze Schulen und Gemeinden nutzen die Unterstützung. Auf dieser Website sind viele Ideen, wie man eine solche Woche anregen, durchführen und auswerten kann.*

Aber auch bescheidene **«Mini-Experimente»** sind hilfreich. Der kleinste Versuch zu weniger Elektronik ist ein Schritt zu mehr Selbstregulation, denn er hilft, den Autopiloten nicht ständig am Ruder zu haben.

- Warum nicht die Kinder Punkte oder Smileys für elektronikfreie Zeiten sammeln lassen?
- Man kann ganz bewusst Zeiten «sammeln», in denen man sich mit jemandem im realen Leben trifft anstatt nur elektronisch zu chatten. Das Ersetzen des Chattens durch reale Begegnungen ist einfacher, als das Chatten nur wegzulassen.
- Sport, Musik oder ein anderes anspruchsvolles Hobby intensiv zu pflegen anstatt zu chatten ist eine weitere Variante.
- Pro Woche bewusst 300 Minuten elektronikfrei zu verbringen und selber entsprechende Aktivitäten zu planen und durchzuführen, ist ebenfalls eine Art, die Selbstregulation herauszufordern und zu fördern. Ein Austausch in der Gruppe kann uns auch auf andere Ideen kommen lassen.
- So wie beim Essen heute das Intervallfasten propagiert wird, könnte man auch was die Elektronik betrifft «intervallfasten» und beispielsweise einen Tag lang auf Elektronik verzichten oder täglich ein vorher definiertes Zeitfenster ohne Elektronik einrichten.
- Die Schule kann für bildschirmfreie Aktivitäten werben. Anhand der Frage: «Wer hat gestern was gemacht?» könnten wir in der Klasse ein Poster mit einer Liste von Aktivitäten erstellen. Wie lange dauert es, bis unsere Klasse 50 Tätigkeiten gefunden hat? Hängt man das Poster gut sichtbar auf, verlieren wir es nicht aus den Augen. Die eigenen Aktivitäten auf einem Poster festzuhalten zeigt uns, was wir alles schon geschafft haben und was wir wieder schaffen könnten. Warum nicht alle Blätter an eine Leine hängen, um uns so immer wieder vor Augen zu halten, was die Familie oder die Klasse schon alles geschafft hat?

Meist funktioniert dies alles besser, wenn man sich mit jemandem zusammentut, denn die Gruppe (sei es die Klasse oder das ganze Schulhaus) unterstützt auf diese Weise jeden Einzelnen.

Der Blick auf die Selbstregulationssysteme nach Roth und Stüber zeigt hier für Ben, den 14-jährigen Game-Crack, der gerade wieder einmal an seinem Lieblingsspiel sitzt, folgendes Bild:

Stressverarbeitungssystem: Funkstille in Sachen Selbstregulation. Ben spürt keinen Stress, muss ihn also auch nicht zu bewältigen üben. Allerdings erlebt die Umgebung Bens Stress, denn er schreit, flucht und ruft aus. So sieht es aus, wenn der Autopilot am Ruder ist.

Selbstberuhigungssystem: Funkstille in Sachen Selbstregulation. Immer wenn Ben wieder einen Feind umgebracht hat, entsteht eine gewisse Entspannung, die jedoch vorbei ist, sobald der nächste Feind auftaucht. Dann kommt wieder der Stress, den Ben nicht spürt. Der Autopilot schaltet und waltet nach Belieben.

Internes Bewertungs- und Belohnungssystem: Ben denkt, geleitet von seinem Autopiloten: «Das Game ist echt geil. Ich habe schon 17 Feinde liquidiert. Da werde ich die nächsten auch noch schaffen.» Natürlich bleibt Ben am Spielen, denn so erhält er bald die nächste Belohnung. Das Selbstregulationssystem hat so viel zu sagen wie Dornröschen in seinem hundertjährigen Schlaf.

Impulskontrollsystem: Bei der Selbstregulation herrscht Funkstille bei Ben, nicht aber in seiner Umgebung. Seine Impulse (schreien, stampfen, toben) sind nicht überhörbar.

Bindungssystem: Je nach Spiel ist dieses durchaus gefordert, z. B. bei Online-Spielen in der Gruppe. Feinde spielen eine große Rolle, da man auch in der Gruppe gegen Feinde (die Teilnehmer aus anderen Gruppen) kämpft. Problematisch ist, dass die reale Gruppe in der Familie oder Klasse auf der Strecke bleibt. Konstruktive Aktivitäten in der Gruppe werden nicht gelebt und nicht gefördert. Aber die virtuelle Gruppe nimmt niemanden in den Arm und taugt so nicht wirklich als Ersatz für die fehlenden Aktivitäten mit Menschen.

Realitäts- und Risikobewertungssystem: Funkstille bei der Selbstregulation. Sie liegt flach und wird oft vollständig ausgeblendet, denn die Realität würde einen höchstens vom Gamen abhalten. Das Risiko in der realen Welt (Schule, Beruf, Freunde) wird nicht gesehen bzw. muss Ben von außen mit viel Effort immer wieder gezeigt werden. Der Autopilot, tief unten in den alten Gehirnschichten, ist stärker als jede Selbstregulation und hat das Ruder fest in der Hand.

Zusammenfassung

- Elektronik ist eine große Herausforderung für die Selbstregulation, vor der niemand gefeit ist. Nur wer über keine Elektronik verfügt, ist einigermaßen geschützt und kann seinen Autopiloten auf seinen Platz verweisen.
- Bei der Entwicklung der Selbstregulation sind zeitliche und räumliche Vorgaben eine Hilfe – nicht nur für Kinder und Jugendliche (Zeitplanung, innere und äußere Organisation und andere exekutive Funktionen).
- Bewusst den Blick auf elektronikfreie Aktivitäten zu lenken (z. B. Aktivitätenliste erstellen) hilft, ein Gegengewicht aufzubauen und zu halten. Der Autopilot lässt durchaus mit sich reden, wenn man immer wieder das Gespräch mit ihm sucht (s. vorn «private speech», innere Monologe und Dialoge).
- Sich gegenseitig zu unterstützen kann eine große Hilfe sein (einzelne SchülerInnen, Familien, Schulklassen, Schulhäuser, Gemeinde usw.). Das Bildungssystem ist ein guter Verbündeter der Selbstregulation.

13 Selbstregulation trainieren – Möglichkeiten im Alltag von Familie und Schule

Der Alltag ist in der Schule wie auch in der Familie voller Möglichkeiten, Selbstregulation zu trainieren. Kleine Pflichten und Aufgaben («Ämtli») sind gut dazu geeignet, sich darin zu üben. Allerdings braucht dies neben Ideen auch Zeit und die ist bekanntlich rar. Wie uns die Forschung eindrücklich zeigt, ist eine intakte Selbstregulation ein wichtiges Thema für ein gelingendes Leben. Deshalb rechtfertigt sich der Aufwand auf jeden Fall. Der Zeitbedarf ist nicht riesengroß und hie und da springt sogar eine Zeitersparnis dabei heraus: Die schmutzigen Kleider liegen in der Wäschetonne oder die Schüler und Schülerinnen sind bei Unterrichtsbeginn bereit.

Häusliche Pflichten und Selbstregulation

Nach der bekannten Erziehungswissenschaftlerin Margrit Stamm hat rund die Hälfte der sechsjährigen Kinder regelmäßige kleine häusliche Pflichten. Das ist gut, denn so lernen sie viel fürs Leben und trainieren nebenbei ihre Selbstregulation. Wenn die andere Hälfte der Familien sich ebenfalls kleine Aufgaben im Familienalltag ausdenkt und dieses Engagement noch nicht erlahmt ist, bis die Kinder zehn oder vierzehn Jahre alt sind, hat man bereits viele Impulse gegeben für die Entwicklung einer guten Selbstregulation – und damit schon viel bewirkt.

Dem Kind alles abzunehmen, was Anstrengung oder Übung erfordert, nimmt ihm unzählige kleine Gelegenheiten im Alltag, um die Selbstregulation zu trainieren. Nach Stamm können die «Kinder so kaum mehr lernen, sich mit einer schwierigen Herausforderung auseinanderzusetzen, sie zu verkraften und den Erfolg als eigene und selbstständige Leistung zu genießen» (Stamm 2016, S. 143).

Verwöhnung und Selbstregulation

Dies bedeutet nicht nur Verwöhnung, sondern auch, dem Kind Gelegenheiten zum Erfahren von Selbstwirksamkeit vorzuenthalten. Wie sollte man ein kompetenter Mensch werden, wenn man keine Gelegenheit bekommt, Kompetenz zu erwerben und zu zeigen? Wie soll man sich in Resilienz üben, wenn man nie frustriert ist, weil man eine Herausforderung nicht gemeistert hat? Wie soll man sich freuen an etwas Erreichtem, wenn man nichts erreichen darf oder kann? Selbstwirksamkeit ist aus psychologischer Sicht eine der ganz wichtigen Erfahrungen, die es braucht, um gesund erwachsen zu werden.

«Kennt ihr das sicherste Mittel, ein Kind unglücklich zu machen?», fragte Rousseau und antwortete: «Ihr müsst es daran gewöhnen, alles zu erhalten. Sein Verlangen wächst unaufhörlich.» Ein chinesisches Sprichwort wiederum lautet: «Ein Kind zu verwöhnen heißt, es zu töten» (zitiert nach Stamm 2016, S. 141). Diese Worte im Hinterkopf zu haben, kann im Alltag helfen, für Erziehende schwierige Situationen auszuhalten.

Überbehütung und Selbstregulation

Überbehütung ist heute ein wichtiges Thema. Manche Eltern kleiner Kinder haben nach Stamm immer ein Fläschchen dabei, um es zu beruhigen. Dabei würde es durchaus und ohne jeglichen Schaden überleben, wenn es einmal eine kurze Weile nicht trinken würde. Vergleichbares Verhalten zieht sich durch alle Schulen bis an die Universitäten durch. In Schulzimmern sieht man immer wieder ganze Batterien von Flaschen, man hört sie herunterfallen und erlebt entsprechend viel Durcheinander («Meine Flasche ist verschwunden!»), weil jemand uns eingeredet hat, man könne besser lernen mit einer greifbaren Wasserflasche. Zählt man jedoch all die damit verbundenen Zwischenfälle im Alltag, kommen ab und zu Zweifel daran auf.

Warten zu können auf die nächste Pause hilft, auch auf anderes warten zu lernen, z. B. auf ein gutes Prüfungsergebnis oder auf die Radieschen im Garten, die man letzte Woche gesät hat. Denn beim Lernen erzielt man nicht sofort eine gute Note. Man muss meist öfter lernen und manchmal auch längere Zeit auf das Resultat warten – zum Glück nicht immer so lange wie auf die Radieschen im Garten. Wer Warten gelernt hat und genug Lern-Power mobilisieren kann, wird viele Ziele erreichen, sei es in Schule, Ausbildung oder anderen Lebensbereichen. Das Warten-Können auf eine Belohnung, das Mischel und sein Team mit Vierjährigen erforschte, ist und bleibt ein wichtiges Thema in der Schule des Lebens.

Schulweg und Selbstregulation

«Schulwege sind als Lernorte zu verstehen, genauso wie die Schulen. Eltern, welche ihre Sprösslinge regelmäßig zur Schule fahren, nehmen ihnen die Möglichkeit, wichtige Erfahrungen zu machen, durch welche sie unabhängiger und selbstsicherer werden könnten […] Wenn Eltern kompetente Kinder wollen, dann sollten diese allein zur Schule gehen dürfen. Ab sechs Jahren sind Kinder dazu in der Lage, auch in einer Stadt mit viel Verkehr. Deshalb muss der Schulweg als Entwicklungsaufgabe verstanden werden» (Stamm 2016, S. 195). Lernen Kinder, sich selbstständig zur Schule und nach Hause zu bewegen, lernen sie gleichzeitig sehr viel für die Selbstregulation und andere exekutive Funktionen. Sie lernen, aus eigenem Impuls zu warten oder zu gehen, gut zu beobachten, vorauszudenken, zu planen und ihren Plan selbst zu überwachen.

«Fast alle verfügbaren Studien zeigen auch, dass Kinder den Schulweg gern zurücklegen und zwar am liebsten selbstständig» (Stamm 2016, S. 196). Hier sind Kinder also ganz gern selbstgesteuert unterwegs. Sie machen auf diese Weise viele soziale Erfahrungen, lernen sich zu behaupten, zu verhandeln oder nachzugeben. Sie machen Erfahrungen mit der Natur, finden Schneckenhäuser und anderes, freuen sich an schönen Farben und Formen. Sie machen Erfahrungen mit ihrem Körper: Sie passen auf, auf Glatteis nicht auszurutschen auf oder spielen mit viel Spaß im Schnee. Alle diese Erfahrungen sind gleichzeitig emotionaler und kognitiver Natur («Eis ist rutschig und stürzen tut weh!»). Die Kinder freuen sich, sind traurig, fröhlich, ausgelassen, zufrieden oder auch nicht. Sie erfahren, dass Ärger und Freuden kommen und gehen und dass sie auch ohne Mama, Papa und Elektronik ganz gut selbst zurechtkommen können. Wer solche Erfahrungen nicht machen kann, dem fehlt etwas.

Resilienz, Frustrationstoleranz und Selbstregulation

Die berühmte Kauai-Studie von Emily Werner zeigte, dass von 500 der im Jahr 1955 auf Hawaii geborenen Kinder, die unter schwierigen Bedingungen aufwachsen mussten, ein Drittel sich zu vielversprechenden Jugendlichen entwickelte. «Sie zeichneten sich durch ein hohes und positives Selbstwertgefühl, eine hohe Selbstwirksamkeit und eine große Frustrationstoleranz aus» (Stamm 2016, S. 197). Zum Geheimnis ihrer guten Entwicklung gehörten verlässliche Bezugspersonen, die zwar nicht ihre Eltern waren, ihnen aber beistanden und sie auf ihrem Lebensweg begleiteten – ohne sie zu verwöhnen oder übermäßig zu behüten.

Wer seinen Kindern jeden Frust erspart, tut ihnen nichts Gutes. Wer sie unreflektiert frustriert, natürlich auch nicht. Es gilt das richtige Maß zu finden. Man kann mit einer kleinen Dosis Frustration einen Riesenschritt vorwärts machen. Sie kann wie eine Impfung wirken und die Kinder stärken für noch größere Herausforderungen, die das Leben bereithält in Altersphasen, in denen ihnen die Eltern nicht mehr beistehen können und sie ihr Leben allein bewältigen müssen.

Ein Beispiel aus dem Praxisalltag soll dies illustrieren: Lena kommt in die Stunde und die Heilpädagogin (es könnten auch die Eltern sein) schlägt vor, als Erstes etwas zu lesen. Lena bettelt: «Ich mag nicht lesen. Können wir nicht zuerst ein Spiel machen?» Die Heilpädagogin meint: «Nein, jetzt lesen wir zuerst. Nachher kannst du auswählen, was wir machen sollen. Ich sehe, dass du nicht lesen magst. Es ist schwierig, etwas zu tun, das man eigentlich nicht so mag. Komm, wir schauen, ob du dieses Kunststück schaffst.» Die Heilpädagogin präsentiert das Lesen als Herausforderung (Kunststück). Die Strategie ist einfach (es versuchen). Lena kann schauen, ob sie diese meistert und möglicherweise dabei Selbstwirksamkeit erleben.

Elektronik und Selbstregulation

Wir haben gesehen, dass auch der Elektronik-Gebrauch viel mit Selbstregulation zu tun hat, denn jedes elektronische Gerät bedeutet eine Herausforderung für die Selbstregulation. Mutter, Vater oder das Kind schaltet den PC ein – und oft genug erst Stunden später wieder aus. Oder man hat das Handy ständig im Blick (auch beim Essen im Restaurant) und reagiert mitten in einem Gespräch sofort auf eine erhaltene SMS. Viele Kinder auf dem Spielplatz sind in Wirklichkeit allein, weil die Eltern mit ihrem Handy beschäftigt sind, während die Kleinen Sandberge schaufeln. Natürlich handhaben das nicht alle Eltern so. Aber man sieht es häufiger, als es einem lieb sein kann. Psychiater und Psychologen machen sich bereits Sorgen um solche Kinder und beobachten eine Zunahme von Bindungsstörungen.

Erinnern wir uns an die US-Studie, die zeigte, dass diejenigen Kinder und Jugendlichen, die am meisten Zeit mit Elektronik verbringen, am häufigsten bzw. am stärksten unglücklich sind (Twenge et al. 2018). Inwieweit dies auch für Erwachsene zutrifft, ist noch nicht klar (Spitzer 2018). Wir wissen aber, dass Elektronik, die ständig im Blickfeld ist, ablenkt (Ward et al. 2017). Sie unterminiert die Selbstregulation und hört erst zu stören auf, wenn sie außer Sichtweite oder sogar aus dem Raum verbannt worden ist.

Kinder und Jugendliche lernen heute in der Schule schon viel mit dem PC. Sie kommen nicht mehr um die Elektronik herum. Auch ein seriöses PC-Programm ist ein Angriff auf die Selbstregulation, weil jedes PC-gestützte Training das Warten-Lernen verhindert. Denn zu den Stärken von PC-Trainings gehört ja gerade das unmittelbare Feedback. Dummerweise ist das Warten eine der wichtigsten Grundlagen der Selbstregulation.

Was können wir da tun? Niemand ist heute noch so naiv zu glauben, ein Leben oder Lernen ohne Elektronik wäre möglich. Wir müssen lernen, sinnvoll damit umzugehen und Kindern und Jugendlichen zeigen, wie sie zum Chef über die Elektronik werden können und nicht ihr Sklave bleiben müssen. Also: Die Kinder nicht zu viel am PC lernen lassen und sich und den Kindern immer wieder bewusst machen, dass wir Selbstregulation am besten im echten Leben und nicht am PC trainieren.

Auch das erleichtert das Lernen von Selbstregulation

Neurowissenschaftler sprechen gerne von «Dopamin-, Serotonin- oder Oxytocin-Duschen» und empfehlen diese zur Erleichterung des Lernens. Wie Roth & Stüber zeigen, ist eine Entwicklung der Selbstregulation ohne diese Botenstoffe nicht möglich.

Der Botenstoff Dopamin ist immer dann im Spiel, wenn es um Belohnungen geht. Interesse, Neugier, Wettbewerbe, Spiele oder Experimente lösen ebenfalls Dopamin aus und umgekehrt wird entsprechendes Verhalten durch Dopamin ermöglicht. Die Neurowissenschaften zeigen, dass mit ausreichend Dopamin versorgte Gehirne neugierig sind und gerne lernen. Also kann man mit Neugier und Interesse gut lernen. Auch Experimente und Wettbewerbe machen Gehirne gern und die Aussicht auf Belohnungen lässt sie zu Höhenflügen ansetzen. Spiel, Wettbewerb (mit sich oder mit anderen), Belohnungen, Lob, Experimente und eine gelungene Leistung, sind gute Wege zu einer «Dopamin-Dusche».

Der Wechsel von Spannung (während des Spiels) und Entspannung (nach dem Spiel) lässt Serotonin fließen. Wenn wir etwas mit anderen zusammen tun können, wird auch das Oxytocin aktiv. Es tut Menschen jeden Alters gut, solche und ähnliche Aktivitäten zu unternehmen. Sehen wir uns diese im Einzelnen an:

Belohnung

Wenn wir Punkte erhalten können, fällt es uns viel leichter, unbeliebte Handlungen anzupacken. Punkte an sich sind schon belohnend genug und längst nicht immer ist eine materielle oder soziale Belohnung nötig. Die beste Belohnung ist natürlich immer eine gelungene Leistung. Aber die ist nicht immer zu erreichen.

Die neurowissenschaftliche Kurzformel lautet auch hier: Dopamin (Anregung durch in Aussicht gestellte Punkte), Serotonin (Beruhigung) und Oxytocin (Anerkennung und Wertschätzung durch Eltern, Lehrpersonen oder Therapeuten) sind das Geheimnis des Lernens von Selbstregulation.

Experimente

Experimente sind Aktivitäten, bei denen man nicht genau weiß, was dabei herauskommen wird. Diese Unsicherheit macht auch eine langweilige Sache spannend (Dopamin). Hier gibt es ein wenig Stress, weil man wissen möchte, wo man landet. Der Stress ist gering und dauert nur kurze Zeit. Darauf folgt Entspannung (Serotonin) und dieser Wechsel bewirkt, dass die meisten Kinder und Jugendlichen gerne Experimente machen. Umso besser, wenn noch andere Menschen mit dabei sind (Oxytocin).

Interesse und Motivation

Interesse zu haben, etwas wissen oder können zu wollen und voller Elan Zeit und Energie einzusetzen, um dieses Ziel zu erreichen: das ist Motivation. Mit Interesse können wir fast alles auf der Welt lernen. Der Weg der «Dusche» führt auch hier über Dopamin (Spannung), Serotonin (Entspannung) bis hin zu Oxytocin (soziale Anerkennung).

Neugier

Die Neugier ist ein wichtiger Motor des Lernens. Wir sind gespannt, wie etwas technisch funktioniert, ob wir die Vokabeln nun beherrschen. Die wohltuende Entspannung, wenn wir realisieren, dass wir es verstehen oder können gehört ebenfalls dazu. Oft wird die Neugier durch soziale Anerkennung belohnt.

Spiel

Es braucht keineswegs immer Spielfiguren, ein Spielbrett oder ein PC-Spiel. Kreative Menschen können aus allem ein Spiel machen: sogar aus dem ungeliebten Zimmer-Aufräumen. Der Spielcharakter nimmt der Sache etwas von ihrem Ernst. Meist geht es leichter, wenn wir eine Angelegenheit als Spiel betrachten. Auch hier sind vom Dopamin über Serotonin bis hin zu Oxytocin wortwörtlich alle Botenstoffe «im Spiel».

Wettbewerb

Ein Wettbewerb mit sich selbst oder mit anderen ist ebenfalls sehr stimulierend. Dopamin («Mal sehen, ob ich es schneller/besser schaffe als letztes Mal/als mein Kollege!»), Serotonin («Uff, gerade noch geschafft!») und Oxytocin, das durch andere Menschen ins Spiel kommt, machen jeden Wettbewerb spannend.

Und so könnte eine Dopamin-Serotonin-Oxytocin-Dusche im Familienalltag aussehen

Zimmer aufräumen

So könnte aus dem Zimmer-Aufräumen ein Spiel werden. Die Gedanken (1 und 2) sollen auch zu eigenen Überlegungen anregen (3).

1. Dopamin-Phase

	Gedanke 1	Gedanke 2	Gedanke 3
Interesse Motivation	«Ein schön aufgeräumtes Zimmer wäre cool.»	«Eine hübsche Leseecke wäre nicht schlecht.»	...
Neugier	«Ich bin gespannt, wie lange es dauert.»	«Ich bin schon gespannt, wie lange es schön bleibt.»	...
Wettbewerb	«Mal sehen, ob ich es in zwei Stunden schaffe wie letztes Mal.»	«Topp, die Wette gilt! Ich will es heute in einer Stunde schaffen.»	...
Experiment	«Ich schaue mal, wie weit ich in einer Stunde komme.»	«Ob wohl jemand merkt, dass ich aufgeräumt habe?»	...
Spiel	«Erst verstaue ich alles aus Papier ...»	«Ich mache alle zehn Minuten ein Foto.»	...
Belohnung	«Wenn ich fertig bin, darf ich chatten.»	«Wenn ich dreimal das Zimmer gut aufgeräumt habe, darf ich mit Vater fischen gehen.»	...

2. Serotonin-Phase

Ist das Spiel oder der Wettbewerb erst einmal vorbei, ebbt die Spannung ab: Entspannung kehrt ein und wir freuen uns über das Ergebnis, falls es so ist, wie wir es uns gewünscht haben.

3. Oxytocin-Phase

Sind andere Menschen mit von der Partie, freuen sich mit uns und wertschätzen, was wir gemacht haben. Auf diese Weise unterstützen sie uns.

Was das Lernen leichter macht – die Sicht der Schüler

Auf die Frage der Mutter, was Anna im Moment mache, antwortet sie: «Ich wusste gerade nicht, was tun. Da dachte ich, ich lerne mal.» Inzwischen gibt es viel mehr Ablenkungen als nur das Fernsehen und es ist noch schwieriger geworden zu lernen. Heute lautet der Plan nicht selten: «Wenn ich nichts anderes zu tun weiß, lerne ich halt.»

Ben, 15 Jahre, meint auf die Frage, was ihm beim Lernen helfe: «Am meisten hilft es mir, wenn alles verboten ist. Wenn die Mutter sagt, ich dürfe nicht rausgehen, nicht gamen und keine Elektronik benutzen, bevor ich gelernt habe, dann geht es besser.» Am meisten hilft die Familie also, wenn sie ihm Regeln vorgibt. Diese Regeln findet Ben zwar nicht toll. Aber er weiß, dass sie nötig sind und ihm helfen. Also hält er sich daran. Vielleicht erzählt er in der Schule, wie streng seine Mutter sei. Aber damit können Eltern leben, tragen sie doch die erzieherische Verantwortung so lange, bis ihre Sprösslinge sie selber übernehmen können.

Zur Beruhigung gestresster und besorgter Eltern: In spätestens zwanzig Jahren wird Ihr Sohn oder Ihre Tochter Ihnen dankbar sein. Die Zeit arbeitet für Eltern. Kürzlich begegnete ich einer Mutter, deren Sohn bereits mit 17 Jahren im Rückblick auf seine Schulzeit sagte, strengere Vorgaben der Eltern hätten ihm wohl eine bessere Schulkarriere ermöglicht. Es kann also auch weniger lange dauern, bis junge Menschen merken, wie hilfreich es ist, nicht nur auf eigene Faust durch die Schule laufen zu müssen.

Analoges gilt natürlich für die Schule. So etwa antwortet Jan (13 Jahre) auf die Frage, was ihm in der Schule am meisten helfe beim Lernen: «Wenn die Lehrerin erklärt, wie es geht und dann schaut, dass ich etwas mache und dass ich es auch richtig mache. Wenn ich das alles selber herausfinden soll, schaffe ich gar nichts. Dann fange ich gar nicht erst an.» Das entdeckende Lernen und das selbstgesteuerte Lernen war gar nicht sein Ding. Er gehörte nicht zu den gut begabten, motivierten Lernern, und spürte, dass ihm mehr Fremdsteuerung besser half.

Der lange Arm der Familie

Aus der heute weitverbreiteten Überbehütung und Verwöhnung der Kinder in der Familie resultieren nicht nur Schwierigkeiten für die betroffenen Kinder, sondern auch für die Schule. Wenn Eltern nicht verstehen können, was die Ziele einer Schulreise sind, auf der eine weite Strecke gewandert wird, mischen sie sich vielleicht unnötigerweise in die Planung ein. Wenn Eltern nicht verstehen, dass Hausaufgaben als kleine Pflichten des Alltags eine wichtige Funktion in der Entwicklung des Kindes übernehmen (Selbstregulation), die weit über die Beherrschung des Einmaleins hinausgeht, schaffen sie ein Problem, wenn sie sich einmischen. Wenn sie nicht verstehen, dass sie nicht nur die Aufgabe haben, ihr Kind mit viel Spaß zu unterhalten, sondern auch, es auf den weniger attraktiven Wegen des Lebens zu begleiten und zu unterstützen, machen sie ihre Aufgabe nicht vollständig und leisten ihren Kindern einen Bärendienst.

Hier kann gute Kommunikation Abhilfe schaffen: Wir können Eltern erläutern, worum es bei solchen Herausforderungen geht, und ihnen aufzeigen, was Kindern hilft, kompetent zu werden. Ein Elternabend kann ein guter Rahmen sein, um sie zu sensibilisieren für diese wichtigen Schritte auf dem Weg zu einer guten Selbstregulation und damit zu einem glücklichen und erfolgreichen Leben.

Wie viel Selbstregulation erwartet werden kann, ist oft unklar. Während es Eltern und Lehrpersonen gibt, die durch ihre Erziehung oder die Lernformen sehr viel Selbstregulation voraussetzen, gibt es andere, die dies nicht tun und fast alles vorgeben. Weder das eine noch das andere ist ideal.

Die Neurowissenschaften lehren uns, dass die Hirnentwicklung in hochentwickelten Ländern heute deutlich länger dauert als in früheren Jahrzehnten. In unserer komplizierten westlichen Gesellschaft dauert es heute rund 25 Jahre, bis der Frontallappen junger Menschen in etwa ausgereift ist – und das ist ja bekanntlich entscheidend für eine gut funktionierende Selbstregulation. Bei manchen ADHS-Betroffenen kann das Zeitfenster gar bis zum 30. Altersjahr offen sein.

Twenge stellt fest, dass die heutige Generation von Jugendlichen und jungen Erwachsenen sich langsamer entwickelt und erklärt es mit der Life-History-Theorie, die «besagt, dass das Tempo, in welchem Teens älter werden, davon abhängt, wo und wann sie aufwachsen. Akademischer ausgedrückt: Das Entwicklungstempo ist eine Anpassung an den kulturellen Kontext» (Twenge 2019, S. 47).

Wir können also von einem Vierzehnjährigen heute nicht so viel Selbstständigkeit erwarten wie noch vor 20 Jahren. Meist ist auch auf die Selbstregulation in diesem Alter heute noch wenig Verlass. Dann führen nicht kontrollierte Hausaufgaben oder Alltagspflichten dazu, dass sie nicht gemacht werden, denn Jugendliche merken rasch, ob sie kontrolliert werden oder nicht. «Was nicht kontrolliert ist, ist offenbar nicht so wichtig», denken sie sich und chatten oder gamen lieber eine Runde. Übrigens bedeuten wohlwollende Kontrolle und Wertschätzung des Einsatzes auch Zuwendung.

Würden Sie von einem zehnjährigen Kind den nötigen Weitblick erwarten, zu merken, dass die Aufgabe, vor der es gerade steht, für die Zukunft von großer Bedeutung ist? Von einem Vierzehnjährigen würden wir es gerne erwarten – was aus neurowissenschaftlicher Sicht jedoch lange nicht immer angebracht ist.

Es gilt also, die Selbstregulationsfähigkeiten richtig einzuschätzen, die Aufgaben darauf abzustimmen und sie zu kontrollieren, so lange wir uns noch nicht auf die jungen Menschen verlassen können. Fremdsteuerung sollte so lang wie nötig eingesetzt werden, aber keinesfalls länger. Kinder und Jugendliche schätzen dies natürlich nicht und lehnen sie manchmal vehement ab. Viele Menschen werden dreißig Jahre alt oder noch älter, bis sie merken, dass die Fremdsteuerung ihnen half, weil sie es – auf sich allein gestellt – gar nicht geschafft hätten. Manche kommen bereits während ihrer Lehre an den Punkt, an dem sie ihre Eltern fragen: «Warum habt ihr mich einfach machen lassen? Warum habt ihr mir nicht geholfen?»

«So viel Selbstregulation wie möglich und so viel Fremdsteuerung wie nötig» könnte folglich ein sinnvolles Motto sein.

Impulse zur Förderung der Selbstregulation in der Familie – aus Sicht der Neurowissenschaften

Stressverarbeitungssystem: «Stress kommt und Stress geht, genau wie die Wolken am Himmel und bei den Wolken rege ich mich auch nicht auf.»

Selbstberuhigungssystem: «Wenn ich gestresst bin, versuche ich mich zu beruhigen. Was hat denn schon einmal funktioniert?»

Internes Bewertungs- und Belohnungssystem: «Wenn ich xy gemacht habe, bin ich zufrieden mit mir und wichtige andere Personen (Eltern oder Lehrer) sind es auch. Das ist ein gutes Gefühl. Darauf freue ich mich!»

Impulskontrollsystem: «Wenn mich etwas sehr nervt, zähle ich bis zehn, ehe ich etwas tue oder sage. Das funktioniert meistens und dann kommt alles besser heraus.»

Bindungssystem: «Zusammen werden wir es schaffen!»

Realitäts- und Risikobewertungssystem: «Ich habe zwar keine Lust, xy tun, aber es geht eben nicht ohne. Es ist nötig und es nicht zu tun hätte unangenehme Konsequenzen für mich.»

Zusammenfassung

- Wir sollten Kinder nicht verwöhnen, sondern angemessen fordern *und* fördern.
- Kinder und Jugendliche werden widerstandsfähig (resilient), wenn sie Gelegenheiten bekommen, kleine Frustrationen zu bewältigen.
- Der Elektronikkonsum muss von Eltern und Schulen im Auge behalten werden.
- Wir sollten so viel Selbstregulation erwarten, wie der Entwicklung des Kindes angemessen ist – nicht mehr und nicht weniger.
- Maßgeschneiderte Herausforderungen können helfen, die Entwicklung der Selbstregulation zu fördern.
- Wer auch kleine Gelegenheiten zur Selbstregulation im Alltag sieht und sie nicht verpasst, setzt Entwicklungsimpulse. Jedem großen Ziel nähert man sich nur mit vielen kleinen Schritten.
- Zum Schluss noch einmal: So viel Selbstregulation wie möglich und so wenig Fremdregulation wie nötig.

14 Statt einer Zusammenfassung: Wünsche an die gute Fee

1. Liebe gute Fee, ich wünsche allen Kindern und Jugendlichen Menschen, die es verstehen, ihnen den Weg zu zeigen zu einer freundlichen und freundschaftlichen Kooperation von Selbstregulation und Autopilot. Ich wünsche ihnen Menschen, die ihnen helfen, in unserer hektischen Zeit immer wieder für kurze Augenblicke in ihrem Tun innezuhalten, um zu sich selbst zu finden.

2. Ich wünsche allen Lernenden Lehrpersonen, die sie mögen und die sie dies auch spüren lassen. Lehrpersonen, die gut unterrichten, die führen, fordern *und* fördern – und die wissen, was man aufgrund des Entwicklungsalters oder individueller Lernvoraussetzungen (z. B. ADHS) erwarten kann oder eben nicht. Ich wünsche ihnen Lehrpersonen, die sich auch emotional um sie kümmern (Bauer 2007, Hattie 2013).

3. Allen Kindern wünsche ich Eltern, die ihre Elternaufgabe ernst nehmen ohne den Humor zu verlieren, die erziehen und wissen, dass sie dank ihrer Lebenserfahrung und ihrem Wissen ihre Kinder gut führen und begleiten können. Ich wünsche ihnen Eltern, die sie nicht überfordern, sondern so viel von ihnen erwarten, wie die Kinder gerade noch bewältigen können; Eltern, die vorleben, wie wichtig eine gute Selbstregulation ist und ein freundlicher Autopilot, mit dem man reden kann. Bitte sorge dafür, dass Kinder und Jugendliche spüren, dass man sie gern hat, dass man ihnen Raum gibt, ihnen aber auch Grenzen setzt, selbst wenn die Kinder dies manchmal erst sehr viel später verstehen können.

15 Nicht ganz tausend, aber vielen, vielen Dank

Ich danke allen «Bens» (mögen sie Jan, Sven, Marc, Stefan, Michael oder Christian heißen) und allen «Annas» (auch wenn sie Sara, Nora, Jana, Ursula, Sandra oder Lisa heißen). Ich konnte von ihnen viel lernen, in der Schulstube ebenso wie im Gruppenraum oder im Therapiezimmer. Ihre Art, Selbstregulation zu lernen und ihre Geduld oder Ungeduld damit haben mir immer wieder gezeigt, dass es zu den schwierigsten Lebensaufgaben gehört, so richtig gut in Selbstregulation zu werden. Sogar ausgewiesene Selbstregulationsprofis sind darin nicht immer gleich gut und haben auch einmal einen schlechten Tag.

Mein herzlicher Dank geht auch an die vielen Kursteilnehmenden, die der Gruppe und damit auch mir ihre Erfahrungen anvertrauten und viele Ideen einbrachten, auf die ich selbst im Leben nie gekommen wäre. Lehrpersonen, Heilpädagoginnen und Therapeutinnen haben viele kreative Ideen und ich lerne immer wieder gerne von ihnen. Einen ganz herzlichen Dank an sie alle – es sind zu viele, um sie alle namentlich zu erwähnen!

Auch unzähligen Eltern bin ich dafür dankbar, dass sie ihre guten Ideen mit mir teilen und manchmal auch eine meiner Ideen aufnehmen und ausprobieren. Ganz besonders freut es mich, wenn es auch bei ihnen klappt. Eltern haben heute die anspruchsvolle Aufgabe, Kinder so zu erziehen, dass sie in unserer komplexen Welt ihr Leben einmal selbst meistern können. Und das ist wahrlich keine leichte Aufgabe. Eltern sind nicht zu beneiden, sondern zu bewundern – nicht alle, aber viele.

Meinem Lebensgefährten danke ich für sein stets offenes Ohr, seine Geduld, wenn ich wieder einmal von nichts anderem redete als von diesem Buchprojekt und dafür, dass er meine gelegentlichen Begeisterungsstürme ebenso aushielt wie meine Schweigsamkeit, wenn ich gerade irgendwo steckengeblieben war.

Meinem Lektor und Korrektor Gregor Szyndler danke ich für die vielen guten Impulse, für seine Adleraugen und seine Geduld mit mir als Autorin.

Matthias Haupt bin ich sehr dankbar, dass er es wagte, mein Projekt zu realisieren. Sein Vertrauen, seine Zuversicht und sein Optimismus sind immer wieder von neuem ansteckend. Ich wünsche ihm, dass dieses Buch den Weg zu möglichst vielen Lesenden finden wird.

Allen Lesenden, danke ich für die wertvolle Zeit, die sie diesem Thema gewidmet haben. Ich wünsche ihnen viele Jahre produktiver Freundschaft zwischen ihnen und ihrem Autopiloten.

Für Rückmeldungen und Anregungen ist meine Mailbox immer da (monika.brunsting@psychologie.ch).

16 Literatur und Links

Bauer, J. (2018): Selbststeuerung die Wiederentdeckung des freien Willens. München: Heyne

Bauer, J. (2007). Lob der Schule. Hamburg: Hoffmann und Campe

Bauer, J. (2019). Selbststeuerung. Zürich: Referat 11.1.19

Bitzer, E., Bleckmann, P. & Mössle, T. (2014). Prävention problematischer und suchtartiger Bildschirmmediennutzung. In: KFN-Forschungsbericht 125. Hannover: Kriminologisches Forschungsinstitut Niedersachen.

Bleckmann, P. & Leipner, I. (2018): Heute mal bildschirmfrei. München: Knaur

Bodrova, E. & Leong, DJ (1996). Tools of the mind. The Vygotskian approach to early childhood education. New York: Merrill/Prentice Hall

Brähler, C. & Hölzel, B. (2015). Achtsamkeit mitten im Leben. In: Hölzel, B. & Brähler, C. (Hrsg.): Achtsamkeit mitten im Leben. München: O. W. Barth, S. 7–20

Brunsting, M. (2018). Wege zu Glück und Zufriedenheit. Oberuzwil: Verlag am Weiher

Brunsting, M. (2017, 2006). Aufmerksamkeitstraining. Schaffhausen: Schubi Lernmedien

Brunsting, M. (2014). Träumer oder ADS? Oberuzwil: Verlag am Weiher

Brunsting, M. (2012, 2009). Lernschwierigkeiten – wie exekutive Funktionen helfen können. Bern: Haupt

Brunsting, M., Nakamura, Y. & Simma C. (2013). Wach und präsent. Bern: Haupt

Diamond, A., Barnett, W. S., Thomas, J., & Munro, S. (2007). Preschool program improves cognitive control. *Science 318*, S. 1387–1388. (letzter Zugriff am 1.10.18; doi:10.1126/science.1151148)

Diamond, A. & Lee, K. (2011). Interventions shown to aid executive function development in children 4 to 12 Years old. Science 333, S. 959-964 (in deutscher Übersetzung in Kubesch, 2016, S. 161-177

Duckworth, AL, Kirby TA, Gollwitzer, A., Oettingen, G. (2013). From Fantasy to action: Mental contrasting with implementation intentions (MCII) improves academic performance in children. *Social Psychological and Personality Science 4 (6):* S. 1–9

Duckworth, A. & Seligman, MEP (2017). The Science and Practice of Self-Control. *Perspectives on Psychological Science.* 12 (5): S. 715–718 (letzter Zugriff am 1.2.2018)

Duckworth, AL & Seligman, M. (2005). Self-discipline outdoes IQ in predicting academic performance of adolescents. *Psychological Science 16 (12),* S. 939–944

Dweck, C. (2010). Selbstkonzept. Frankfurt: Campus

Dweck & Molden (2005). In: Dweck, 2010

Flavell, JH (1979). Kognitive Entwicklung. Stuttgart: Klett-Cotta

Eigsti, I., Zayas, V., Mischel, W. et al. (2006). Predictive cognitive control from preschool to late adolescence and young adulthood. *Psychological Science 17,* S. 478–484

Galla, BM & Duckworth, AL (2015 September). More than resisting temptation: Beneficial habits mediate the relationship between self-control and positive life outcomes. *Journal of Personality and Social Psychology 109 (3),* S. 508–525

Gardner, RA (1974). The mutual storytelling technique in the treatment of psychogenic problems. *Journal of learning disabilities, 7 (3),* S. 135–143

Gawrilow, C., Guderjahn, L. & Gold, A. (2013): Mit Schülern Selbstregulation trainieren – ein Lehrermanual. München: Reinhardt

Gollwitzer, A., Oettingen, G., Kirby, TA, Duckworth, A. & Mayer, D. (2011): Mental contrasting facilitates academic performance in school children. *Motivation & Emotion, 35 (4):* S. 403–412

Grollimund, F. (2018). Vom Aufschieber zum Lernprofi. Basel: Herder

Gröninger, S. & Stade-Gröninger, J. (1996). Progressive Relaxation. München: Pfeiffer

Hammond, C. (2016). Erst denken, dann zahlen. Stuttgart: Klett-Cotta

Hattie, J. (2013). Lernen sichtbar machen. Baltmannsweiler: Schneider

Heller, L. (2018). Tools of the mind. Förderung der Selbststeuerung als zentraler Aspekt exekutiver Funktionen. Masterarbeit Interkantonale Hochschule für Heilpädagogik, Zürich

Holtz, KL, Mrochen, S., Nemetschek, P. & Trenkle, B. (Hrsg.; 2007, 3. Auflage): Neugierig aufs Grosswerden. Heidelberg: Carl Auer

Hölzel, B., Brähler, C. (Hrsg.): Achtsamkeit mitten im Leben. München: O. W. Barth

Hölzel, B., Lazar, SW, Gard, T, Schumann-Olivier, Z, Vago DR & Ott, U. (2011). How does mindfulness meditation work. *Perspectives on Psychological Science 6 (6):* S. 537–559.

Jaencke, L. (2008). Macht Musik schlau? Bern: Huber

Jensen, F.E. (2016): Teenager-Hirn. München: Goldmann

Kaltwasser, V.: Achtsamkeit in der Schule. In: Hölzel, B. & Brähler, C. (Hrsg.): Achtsamkeit mitten im Leben. München: O. W. Barth, S. 209–242

KIM-Studie. Medienpädagogischer Forschungsverbund Südwest (Hrsg.): KIM-Studie 2016. Kindheit, Internet, Medien Basisstudie zum Medienumgang 6- bis 13-Jähriger in Deutschland. Stuttgart, 2016 (www.mpfs.de)

Klatte, A., Bergström, K. & Lachmann, T. (2013 August). Does noise affect learning? A Short review on noise effects on cognitive performance in children. *Frontiers in Psychology 4,* S. 578

Klingberg, T. (2008). Multitasking. München: C. H. Beck

Korte, M. (2017). Wir sind Gedächtnis. München: DVA

Kubesch, S. (2012). Exekutive Funktionen spielerisch fördern. *b:sl Beruf:Schulleitung 6:* S. 10–11

Kubesch, S. (Hrsg.; 2016). Exekutive Funktionen und Selbstregulation. Bern: Huber

Lauth, G. & Schlottke, P. (2009). Training mit aufmerksamkeitsgestörten Kindern. Weinheim. Beltz PVU

Margraf, J. (2009). Hintergründe und Entwicklung. In: Margraf, J. & Schneider, S. (Hrsg.): Lehrbuch der Verhaltenstherapie. Heidelberg: Springer, S. 3–45

Meichenbaum, D. (1978). Kognitive Verhaltensmodifikation. München: Urban & Schwarzenberg

Mills, JC & Crowley, RJ. (1996). Therapeutische Metaphern für Kinder und das Kind in uns. Heidelberg: Carl Auer

Mischel, W. (2015): Der Marshmallow-Test. München: Siedler

Mischel, W., Ayduk, O. et al. (2011 April). Willpower over life span: decomposing self-regulation. *Social Cognitive and Affective Neuroscience, 6 (2):* S. 252–256

Moffitt, TE, Arsenault, L., Belsky, D. et al. (2011). A gradient of childhood self-control predicts health, wealth, and public safety. *Proceedings of the National Academy of Sciences 108 (7):* S. 2693–2698 (www.pnas.org/cgi/doi/10.1073/pnas.1010076108)

Oettingen, G.: Mayer, D.; Thorpe, J.S.; Janetzke, H.; Lorenz, S. (2005). Turning fantasies about positive and negative futures into self-improvement goals. *Motivation and Emotion 29,* S. 237–267

Oettingen, G., Adriaanse, MA et al. (2010). When planning is not enough: Fighting unhealthy snacking habits by mental contrasting with implementation intentions (MCII). European Journal of Social Psychology 40 (7), S. 1277–1293

Park, N. & Peterson, C. (2006). Moral competence and character strengths among adolescents. *Journal of Adolescence 29 (6),* S. 891–909

Park, N., Peterson, C. & Seligman MEP (2006). Character strengths in fifty-four nations and the fifty US states. *Journal of Positive Psychology 1 (3):* S. 118–129

Rietzler, S. & Grolimund, F. (2018). Clever lernen. Bern: Hogrefe

Rizzolatti, G., Fadiga L. et al. (1996). Premotor cortex and the recognition of motor actions. Cognitive Brain research 3: 131–141

Roebers, C., Röthlisberger, M., Neuenschwander, R. & Cimeli, P. (2014). Nele und Noa im Regenwald. München: Reinhardt

Roth, G. & Stüber, C. (2014). Wie das Gehirn die Seele macht. Stuttgart: Klett-Cotta

Rubin, KH (1979). The impact of natural setting on private speech. In: Zivin, G. (Ed.): The development of self-regulation through private speech. New York: Wiley, S. 265–294

Ruch, W. (2014). Charakterstärken: Grundlagen und Anwendungen. Präsentation Tagung Verband Dyslexie Schweiz, Juni 2014

Ruch, W., Proyer, RT, Harzer, C., Park, N., Peterson, C. & Seligman, MEP. (2010). Values in Action Inventory of Strenghts (VIA-IS). Adaptation and Validation of the German Version and the Development of a Peer-Rating Form. *Journal of Individual Differences 31,* S. 138–149

Siegel, DJ & Bryson, TP (2013). Achtsame Kommunikation mit Kindern. Zwölf revolutionäre Strategien aus der Hirnforschung für die gesunde Entwicklung Ihres Kindes. Freiburg: Arbor

Signer-Fischer, S. (2007). Die Stärkung des Selbstvertrauens in der Hypnotherapie. In: Holtz, KL, Mrochen, S., Nemetschek, P. & Trenkle, B. (Hrsg., 2007, 3. Auflage): Neugierig aufs Grosswerden. Heidelberg: Carl Auer, S. 34–54

Signer-Fischer, S., Gysin, T. & Stein. U. (2009). Der kleine Lederbeutel mit allem drin. Heidelberg: Carl Auer

Simma, C. (2014). 77 Impulse für Achtsamkeit. Mülheim: Verlag an der Ruhr

Singh, NN et al. (2007). Adolsecents with conduct disorder can be mindful of their aggressive behavior. *Journal of Emotional and Behavioral Disorders 5 (1):* S. 56–63

Snel, E. (2013). Stillsitzen wie ein Frosch. München: Goldmann

Spitzer, M. (2005). Lernen – Gehirnforschung und die Schule des Lebens. Heidelberg: Spektrum Akademischer Verlag

Spitzer, M. (2005). Vorsicht: Bildschirm. Stuttgart: Klett-Cotta

Spitzer, M. (2010). Medizin für die Bildung. Heidelberg: Spektrum

Spitzer, M. (2012). Digitale Demenz. München: Droemer

Spitzer, M. (2018) Einsamkeit. München: Droemer

Spork, P. (2017). Gesundheit ist kein Zufall. München: DVA

Stamm, M. (2016). Lasst die Kinder los. München: Piper

Stavemann, HH (2010). Im Gefühlsdschungel. Weinheim: Beltz

Strauch, B. (2003). Warum sie so seltsam sind. Gehirnentwicklung bei Teenagern. Berlin: Berlin Verlag

Twenge, J. (2018). Me, my Selfie and I. München: Mosaik

Twenge JM, Martin GN, Campbell WK (2018). Decreases in Psychological Well-Being Among American Adolescents After 2012 and Links to Screen Time During the Rise of Smartphone Technology. *Emotion 18 (6),* S. 765–780 (PMID 293 553 36, doi: 10.1037/emo0000403)

Twenge, JM, Zhang, L. & Im, C. (2004) It's beyond my control: A cross-temporal meta- analysis of increasing externality in locus of control, 1960–2002. *Personality & Social Psychology Review 8 (3),* S. 308–319

Valentin, L. (2015). Achtsame Kommunikation mit Kindern. In: Hölzel, B., Brähler, C. (Hrsg.): Achtsamkeit mitten im Leben. München: O. W. Barth, S. 195–208

Vygotsky, LS (1978). Mind in society: The development of higher psychological processes. Cambridge: Harvard University Press

Vopel, KW (2010, 6. Auflage). Lust am Leben. Phantasiereisen für Optimisten. Salzhausen: Iskopress

Vopel, KW (2009). Phantasiereisen für Kinder und Jugendliche ab 10 Jahren. Salzhausen: Iskopress

Ward, AF, Duke, K., Gneezy, A. & Bos, MW (2017, April). Brain drain: The mere presence of one's own smartphone reduces available cognitive capacity. *Journal of the association for consumer research 2 (2),* S. 140–154. (https://doi.org/10.1086/691462)

Wiese, CW, Tay, L, Duckworth, AL, D'Mello, S. Kuykendall, L., Hofmann, W., Baumeister, RF & Vohs, KD (2017, Mai): Too much of an good thing? Exploring the inverted-U relationship between self-control and happiness. *Journal of Personality 86 (3),* S. 380–396 (doi:10.1111/jopy.12322)

Links

www.braintwister.unibe.ch	PC-Training zum Arbeitsgedächtnis
www.charakterstaerken.org	VIA-Test (Virtues in action). Ruch et al.
www.cogmed.ch	umfangreiches Trainingssystem zum Training exekutiver Funktionen
www.MBSR.ch	Website des Verbands der MBSR-Lehrenden, mit vielen Adressen in den verschiedenen Regionen
http://teacher.scholastic.com/products/mindup/	Lehrermanuals für alle Stufen und weiteres Informationsmaterial (inkl. Interview mit Goldie Hawn)
https://toolsofthemind.org	Grundlagen und Material zum Programm Tools of the mind

Monika Brunsting (Hrsg.) / Yuka Nakamura (Hrsg.) / Christoph Simma (Hrsg.)

Wach und präsent – Achtsamkeit in Schule und Therapie

2015. 213 Seiten, div. Fotos, kartoniert
ISBN 978-3-258-07821-2

Dieses Buch richtet sich an Lehrpersonen aller Stufen (Kindergarten bis Gymnasium) und Arten (Regelklassenlehrpersonen, Heilpädagogen, Fachlehrpersonen usw.) und möchte sie für das Konzept der Achtsamkeit sensibilisieren. Achtsamkeit hilft Lehrpersonen und Schülern, innerlich im Gleichgewicht zu bleiben, und bildet eine wichtige Basis für das Lernen. Gerade in Zeiten von Hektik und Überlastung ist die Übung von Achtsamkeit ein konkreter und effektiver Weg zurück in die eigene Mitte. Das Buch gibt eine fundierte Einführung in das Thema Achtsamkeit und ihre Bedeutung für die pädagogische Arbeit. Ausgehend von der Fragestellung «Wie kann man in der Schule lernen, achtsamer zu sein und achtsamer zu leben?», werden mögliche Wege zu mehr Konzentration, Aufmerksamkeit, Ruhe und Stille aufgezeigt.

Im ersten Teil diskutieren die Autorinnen Achtsamkeit im Kontext von Pädagogik und Heilpädagogik und fassen den aktuellen Stand der Forschung zu den Wirkungen von Achtsamkeit zusammen. Im zweiten Teil berichten verschiedene Autoren aus Regelklassen, aus den Bereichen Schulische Heilpädagogik, Psychomotorik-Therapie und Psychotherapie, wie sie Achtsamkeit in ihrem beruflichen Kontext praktizieren. Viele konkrete Praxisbeispiele, die zum Ausprobieren in der Klasse oder Gruppe einladen, aber auch Anregungen, die in der Familie aufgenommen werden können, sind hier zu finden.

Monika Brunsting

Lernschwierigkeiten – Wie exekutive Funktionen helfen können

Grundlagen und Praxis für Pädagogik und Heilpädagogik

2. Auflage 2011. 217 Seiten, 5 Abb., 74 Tab., kartoniert
ISBN 978-3-258-07716-1

Praktische Hilfe bei Lernstörungen wie Legasthenie, Dyskalkulie und ADHS

Exekutive Funktionen sind mentale Prozesse, mit denen Menschen ihr Verhalten steuern. Sie helfen bei allen gezielten Handlungen: beim Setzen von Zielen, bei der Planung, der Entscheidung für Prioritäten, bei der Impulskontrolle usw. Monika Brunsting zeigt in diesem Buch, wie Heilpädagogen/innen Störungen der exekutiven Funktionen – Legasthenie, Dyskalkulie, ADHS u. a. – erkennen und was sie dagegen im Unterricht unternehmen können. Die Autorin präsentiert eine Fülle von praktischen Möglichkeiten, wie dieses Wissen von Lehrpersonen in unterschiedlichen Lernfeldern und auf verschiedenen Altersstufen umgesetzt werden kann.

: Haupt

Haupt Verlag Bern
verlag@haupt.ch • www.haupt.ch

Monika Brunsting

Legasthenie zwischen Coming-out und keiner merkts

Wie man mit Dyslexie zurechtkommen kann: Erwachsene Betroffene berichten

2016. 198 Seiten, 1 Abb., kartoniert
ISBN 978-3-258-07981-3

«Mehr lernen, sich mehr anstrengen und öfter im falschen Zug sitzen!» Das kann einem passieren, wenn man mit Dyslexie unterwegs ist. Und auch die Angst, beim Fehlermachen ertappt zu werden, ist eine treue Begleiterin.

Dieses Buch zeigt auf, welche Wege Betroffene bei der Bewältigung ihrer Lese-Rechtschreib-Schwäche eingeschlagen haben und wie diese basierend auf neueren Forschungsergebnissen der kognitiven Psychologie, der Positiven Psychologie und der Sonderpädagogik verstanden werden können. Die Geschichten bewegen sich zwischen «Coming-out» und «keiner merkts». Betroffene und ihre Eltern, Lehrpersonen aller Stufen (Kindergarten bis Universität) und Arten (Regelklassen-Lehrpersonen, Heilpädagogen, Fachlehrpersonen, Therapeuten und Coaches) sowie Psychologen (Schulpsychologen, Kinderpsychologen, Psychotherapeuten, Coaches) können aus diesen Geschichten lernen.

In Zeiten schwindender finanzieller und personeller Ressourcen gilt es, Erfahrung und Wissen zusammenzutragen, um mit wenig Mitteln möglichst viel zu erreichen. Schulen und Familien können dazu viel beitragen:

Vieles kann helfen – nur Aufgeben hilft nie!